본격 한중일 세계사

09 블러디 선샤인 신미양요

초판 1쇄 발행 2020년 10월 23일 초판 3쇄 발행 2023년 5월 24일

지은이 굽시니스트
펴낸이 이승현

출판2 본부장 박태근
지적인 독자 팀장 송두나
디자인 하은혜

펴낸곳 ㈜위즈덤하우스 출판등록 2000년 5월 23일 제13-1071호
주소 서울특별시 마포구 양화로 19 합정오피스빌딩 17층
전화 02) 2179-5600 홈페이지 www.wisdomhouse.co.kr

ⓒ 굽시니스트, 2020

ISBN 979-11-91119-27-5 04900
      979-11-6220-324-8 (세트)

본격 한중일 세계사

09
블러디 선샤인
신미양요

굽시니스트 글·그림

위즈덤하우스

머리말

이 9권의 제목을 정하기까지의 여정은 꽤 사연 있는 것이었습니다. 일단 가장 중요한 사건인 '신미양요'는 제목에 반드시 들어가야 했지요. 그렇다고 그냥 '한중일 세계사 9: 신미양요'라고만 쓰기에는 좀 심심하니 뭔가 다른 말을 앞이나 뒤에 붙여야 했습니다. ○○와 신미양요, 신미양요와 ○○, 혹은 ○○의 신미양요, 신미양요의 ○○ 같은 느낌으로 말입니다.

사실 본권에는 신미양요 외에 남연군 묘 도굴 사건이라든가 기사흉년, 보불전쟁, 이와쿠라 사절단 등의 사건이 등장합니다. 하지만 '남연군 묘 도굴과 신미양요', '기사흉년과 신미양요', '보불전쟁과 신미양요', '신미양요와 이와쿠라 사절단' 등의 제목은 뭔가 좀 이상하죠. 일단 부제가 너무 길면 책 등에 이걸 적절하게 쑤셔 넣기가 매우 힘들어집니다. 8권의 부제인 '막부의 멸망과 무진전쟁'도 디자인팀의 고통 속에 새겨진 것인지라 그 이상의 길이로 부제를 지을 수는 없습니다. 때문에 남연군 묘 도굴 사건이나 이와쿠라 사절단은 우선 탈락. 그렇다고 보불전쟁을 넣자니 관련 내용이 한 챕터뿐이기에 '보불전쟁'이라는 문구에 끌려 책을 펼치신 분들에게 실망을 안겨드릴 것 같고 말이죠.

So, 그냥 '신미양요 + 뭔가 적당히 데코할 만한 말'을 부제로 삼기로 했습니다. '질풍노도 신미양요'라든가 '렛츠 고 신미양요'라든가 '신미양요 대소동'처럼 말이죠. 그렇게 해서 처음 나온 제목은 '강철시대와 신미양요'였습니다. 8권 마지막 뒷날개에 예고로 올라간 그 제목 말이죠. 여기서 고백건대 각 권 뒷날개에 올라가는 가제가 그대로 채택된 경우는 거의 없었던 것 같습니다. 책 만들면서 부제를 새로 지어 붙이는 경우가 많았지요.

사실 '강철시대와 신미양요' 하면 뭔가 강철과 관련된 얘기가 나와야 할 것 같지 않습니까? 물론 저 시대가 강철 대량생산에 있어 중요한 시대긴 하지만, 본권에서 강철 관련 이야기가 나오지는 않습니다. 강철 대량생산 이야기는 아무래도 카네기가 본격적으로 철강 산업을 뽐뿌질 하기 시작한 부분에서부터 다루는 게 정석이겠지요. 때문에 '강철시대와 신미양요'가 아닌 다른 제목을 모색해야 했습니다.

　그렇게 해서 나온 후보들이 '신미양요 the invasion', '철혈강습 신미양요', '강철새벽 신미양요' 등이었습니다. 그리 편집회의를 하던 중, 재작년의 초인기 사극 드라마 〈미스터 선샤인〉의 도입부가 신미양요를 다루고 있다는 부분에 착안한 의견이 나왔습니다. 해서 논의 끝에 '선샤인 신미양요'를 부제로 선정했습니다. 물론 맞춤법을 중시해야 하기에 션샤인이 아닌 선샤인이라고 표기했지요.

　그렇게 부제를 정하고 주변 반응을 들어보니, 신미양요의 뼈아픈 역사에 선샤인이라는 수식어는 너무 밝다는 의견이 있는지라 좀더 뼈아픈 느낌을 살리기로 했습니다. 그리하여 '다크 선샤인 신미양요'와 '블러디 선샤인 신미양요'가 후보로 올랐습니다. 그 중 블러디 선샤인 신미양요를 다수 의견으로 선정했고요.

　돌이켜보면 옛날 KBS 대하 사극 드라마 중에 개항기를 다룬 작품 제목이 '찬란한 여명'이었지요. 생각해보면 개항기 역사가 딱히 찬란하지는 않았는데 말이죠. 아마 개항기를 여명으로 표현하고, 그 여명을 수식할 적당한 수식어를 찾다가 그냥 무난하게 찬란한 여명이 되었으리라 생각합니다. 개항기가 아무리 답답한 역사라고 하지만 대하 사극 드라마 제목을 '답답한 여명'이나 '고구마 여명', '하, 진짜;; 여명'으로 지을 수는 없었겠지요. 그렇다고 블러디 선샤인이 더 적절한 표현이라고 주장하려는 건 아니고요. 그저 역사를 다룬 작품의 제목에 감상적인 수식어가 붙는 경우, 그것이 진짜 어떤 감수성을 담은 것이라기보다는 그저 편의에 따라 그리 붙여진 것일 수 있음을 알아주십사 하는 바람입니다.

2020년 10월

굽시니스트

차례

제 1 장

메이지 개원

에도 개성을 앞둔
1868년 4월 6일.

신정부의 신국가 건설 혁명 공약
'5개조 어서문'
―을 발표합니다.

신정부 5개조 어서문 발표

五箇条 御誓文

1. 넓게 회의를 일으켜
   정치를 공론으로 행한다.

막부 말기부터 계속 화두였던
천하공론이지요.
특정 그룹이 정치를 독점하지 않고
널리 의견을 구해 온 나라가 다 함께
의논해서 정치를 행하자는 것.

2. 상하 일심으로
   국가 경륜에 나선다.

3. 관과 무가, 서민에 이르기까지 각자의 뜻을 이루게 하여
   인심이 나태해지지 않도록 한다.

대충, 신분 고하를 막론하고
국가 총화를 이루고 민심을
잘 수렴하자는 얘기지요.

4. 기존의 구습을 타파하고
   천지의 공도를 근거 삼는다.

봉건 적폐
꺼져라!

새 시대로 향하면서
무사 정권의 구습을
다 갈아엎겠다는 것.

5. 세계에서 널리 지식을 구해
   황기(황국의 기반)를 크게 일으킨다.

양이 타령은 손절하고
서양을 스승 삼아
근대화에 나서야지요.

5개조 어서문의
천하공론은 민권!
의회주의를 뜻합니다!

이 5개조 어서문은 이후 일본사에서
가장 권위 있는 대헌장급 텍스트로 남아,
너도나도 자기들 주의·주장에 끌어다
인용하게 됩니다.

상하 일심으로
황기 진흥에 나서자는
5개조 어서문의 뜻을 받들어!
국민 총화!!

5개조 어서문은 일본의 의회 민주주의가
서양에 의해 이식된 것이 아니라
일본의 자생적 성과임을
입증하는 민주주의 맹아올시다.

심지어 전후(after 1945)까지도.

요시다 시게루

뭐, 흐릿모호하게
대충 입바른 말은
어디 갖다 붙여도
어울리는 법이니까요.

자, 그리고 왕정복고니까 정부 체제는 율령제 국가 복원! 조정 중심으로 갈 거죠?!

조정이 이 나라의 중심을 지키고 있는 거죠?!

아, 그건–

우리 주 천황의 이름으로 명하노니, 사라져라!! 조정 천년 적폐 귀신들아!!

세습 귀족들 노인정인 조정 따위가 나라를 굴릴 수 있을 리가 없나!

다음 해인 1870년, 일본 조정은 1,200여 년 만에 정식 폐지.

막부도 조정도 아닌 새로운 정치체제는 말입니다–

오쿠보 도시미치 기도 다카요시

세계적인 트렌드! 삼권분립 정체입니다!!

1868년 6월 11일, 정치체제를 확정한 정체서 발표!

태정관 제도

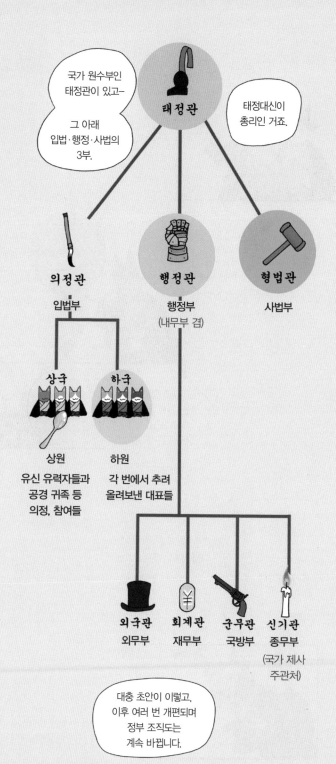

국가 원수부인 태정관이 있고–

그 아래 입법·행정·사법의 3부.

태정대신이 총리인 거죠.

태정관

의정관
입법부

행정관
행정부
(내무부 겸)

형법관
사법부

상국

하국

상원
유신 유력자들과
공경 귀족 등
의정, 참여들

하원
각 번에서 추려
올려보낸 대표들

외국관
외무부

회계관
재무부

군무관
국방부

신기관
종무부
(국가 제사
주관처)

대충 초안이 이렇고,
이후 여러 번 개편되며
정부 조직도는
계속 바뀝니다.

이 삼권분립과 연방제 의회 구조는 미국 헌법을 참조한 거죠.

예아! 컨스티튜션!

입법, 행정, 사법의 모든 관직은 유신 지사 인맥, 유력 번 인사 배분 등으로 충당되었습니다.

물론 선거와 투표권 같은 민주주의 핵심 요소들과는 몇 억 광년 떨어져 있는 체제로,

물론 앞으로는 전문 관료 양성을 위한 고급 학교를 세워서 관료를 뽑아야겠지요.

그리 새 체제를 갖추고, 연호도 새로 정했습니다!

1868년 9월 8일, 새 연호 **메이지** 개원!!

이제 메이지 천황 입니다~

마법사 천황?!

이때부터 한 천황의 재위 중 한 연호만 쓰는 일세일원 확립.

하지만 세간에서는
시국 혼란을 두고
메이지 연호를 비웃기도.

'명치'는 거꾸로 하면 '치명'.
정치(治)는 다음(明)에
하겠다는 뜻이구만~

치명적이야~

아주 명치에
박히네요.

감동으로 목 메이지!
메이지 신정부!
옵치 인성은 메이지!!

물론 메이지 신정부가
신경 써야 할 부분은 국내
체제 정비뿐만이 아니었으니-

아;; 열강
형님들;;

1868년 2월의
고베 사건을 통해-
(8권 7장 참조.)

신정부가 서양에
숙이고 들어간다는
자세를 확실히
취하긴 했는데-

어휴, 예쁘게 봐줏십시오~

카와이네~

그 한 달 후에
오사카에서 벌어진 사건은
더 큰 각오를 필요로 했으니.

3월 9일, 뒤플렉스호의
프랑스 수병들이 오사카 사카이항에 상륙.
거리에서 음주 난동을 벌인다.

오, 레알 사무라이!
츄라이! 츄라이!

이들을 배로 돌려보내기 위해
미노우라 모토아키가 이끄는
도사 번병이 출동.

추태 부리지 말고
배로 돌아가시오!!

이 과정에서 프랑스 수병들이
도사 번 경비대의
군기를 탈취해 달아나고.

나 잡아~
봐~~라~

크악!!!

빠친 도사 번병들이 사격 개시.

이 사카이 사건으로
프랑스 수병 11명 사망.

프랑스 측,
분노의 인성질.

레옹 로슈   히가시쿠제 미치토미   이토 히로부미

배상금은
어찌어찌 마련하고,

처형은 미노우라 모토아키 이하 20명을 할복시키기로 합의.

사실 할복이라는 게
실제로 배를
가른다기보다는—

그리하여 1868년 3월 16일,
서양 공사단 참관하에
도사 번사들 20명의 할복 진행.

배에 칼이 조금 들어가면
뒤에 선 망나니가 목을 쳐서
쉽게 죽도록 해주는 거랍니다.

그렇군요~

양귀 놈들아!! 이것이
일본 사무라이의 뱃속이다!!
똑똑히 봐둬라!!!

차아아아

채식 위주 식단이라
색이 깨끗하지!

아, 이 할복은
좀 다른데요;;;

일설에 의하면
(형장에 들어가기 전 아편을 잔뜩 먹은)
도사 번사들이 서양인들에게
사무라이의 기개를 과시하기 위해
배를 갈라 내장을 마구 풀어헤치는
광란의 할복 쇼를 진행.

11명까지 배를 갈랐을 때
프랑스 측은 혼비백산하여
형장을 빠져나오며
형 집행 중지를 요청한다.

오쿠마 시게노부(30세)

막부가 프랑스 자금으로 진행하던 요코스카 해군 공창 건설이
막부 멸망 후, 프랑스 측에 의해 차압에 들어갔으니.

오쿠마는
오사카 상인들의 지원과
인도 오리엔탈 은행의 차관으로
요코스카 해군 공창의
차압을 푸는 데 성공.

앞으로도
잘 부탁드립니다~

근데 뭐랄까,
웬만한 돈 문제는
다 오사카 상인 찬스로
해결하는 느낌이군요?

이리, 오사카 상인들이
메이지 정부의 초기 자금 문제
해결에 크게 기여했으니~

보답으로 오사카를
수도로 정해주십사~ 하는
바람도 무리는 아니겠지요?

흐흐~;;

오쿠보 님께서도 예전에
오사카가 수도가 되면
좋을 것 같다고 말씀~

호다닥~

1868년 11월 26일, 메이지 정부는
도쿄로 천도를 단행.

으에! 어째서 막부의
소굴인 에도로?!

1. 일단 당연히 250년 수도의
   전국 관리 인프라를 그대로
   활용하는 게 제일 효율적인 선택이고,

2. 막부 중심지였던 관동의
   거대한 에너지가 저항의 방향으로
   뿜어나오지 못하도록
   아예 정부 자체를 누름돌로
   100만 에도 위에 두자는 방책.

東京

東

3. 그리고 교토 조정 귀족들의 음습한
   음모 에너지와 삿초토 번주 님들의
   끈적거리는 영향력에서
   신정부를 최대한 이격시키고 싶은 소망.

그리 수도도 옮기고,
무진전쟁도 승리로
마무리 짓고,

1869년 6월에는
홋카이도의
에노모토 일당 토벌도
마무리했고.

쑥덕쑥덕
꼼지락 꼼지락

이제 태평천하
좋은 세상이 오려나~

승자 편에 선 번들에게는
좋은 세상 오겠지요? ㅎ

근데 도쿄에서 정부 코어 그룹이 뭔가
일을 꾸미는 게 좀 수상하긴 한데…

판적봉환!!
이제 번주 님들은 영지를
다 천황 폐하 명의로
돌려놓으시기 바랍니다~

1869년 7월 25일
판적봉환 선포.

아니 #$%^#@!!
신정부 편에 선 대가가
영지 강탈이냐?!!

우리가 역적임?!
다 같이 개역당하는거?!
이런 개역 같은 일이!!

무도하다!
무도해!!!

워~ 워~ 형제들이여~
캄다운~ 캄다운.
여러분이 걱정하는
그런 거 아닙니다요~

일단 막부 직할령과
무진전쟁 패전 번들에게서
뺏은 땅은 모두 정부 직할지인
부, 현으로 편성됩니다.

그리고 나머지 번들은 이제
막번 체제하에서 쇼군에게 충성하는
다이묘가 다스리는 번이 아니라,

신체제하에서 천황에게 충성하는
번지사가 다스리는 번이 된다는 거지요.

여러 번주님들은 현 상태 그대로~
'**다이묘**'에서 '**번지사**'로 호칭만
바뀌는 거니 걱정 마시기 바랍니다~

휴유; 그런 거라면
뭐 안심이네;;;

근데 번지사도
세습되는 거 맞죠?

뭐, 차차 조금씩
개선해나가도록
합시다. ㅎ…

극비
폐번치현
계획서

1869년 6월에는 향후 군사 정책
설정을 위한 병제 회의 개최.

일원화된 중앙군 체제 확립!!

잡다한 번병들 싹 다 폐지하고
전국 일괄 징병제 실시!!

사무라이고 나발이고
장교는 무조건 사관학교에서
교육받은 인원으로 충당!!

그러고 보니 무사 놈들이
칼 차고 다니니 말을
안 듣는 것 같아!!
폐도령 실시!!!

어; 일단은
유력 번의 번병들을
도쿄로 파견해 어친병으로
근무시키도록 합시다;;

나머지는 차후에;;

큿;
쫄보들 같으니.

오무라 마스지로의
과격한 군사 개혁안은
일단 유보되었지만.

오무라 마스지로는
새로 개편된 병부(국방부)
대보(명목상 차관, 실질적 장관)로 취임,
군사 개혁을 준비해나간다.

일단 하사관
학교부터 세우자.

부사수 야마가타 아리토모

프랑스 교관들도
초빙해오고.

그러다가
1869년 10월 8일,
교토에서
자객들에게 피습.

이 미개한 놈이!!

육군 따위가 뭐냐!
일본은 사무라이의
나라다!!

조슈 번사 단신지로

다리에 부상을 입은
오무라는 다리 절단 수술 후,
패혈증으로 12월 7일 사망.

절단한 다리는 스승인
오가타 고안 선생 묘
옆에 묻어주게.

뭐, 저리 흉흉한 일이
벌어지긴 했지만-

아무튼 1869년,
대충 이렇게 메이지시대의
첫 턴을 마무리하는 걸까나~

아니, 깜빡한 일이 있어;;
아직 알림장 안 보낸
데가 있잖아;;

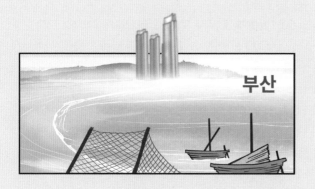

부산

워, 대마도 놈들
배 새로
뽑았는갑네?

깃발도
못 보던 건데.

1868년 12월 19일,
메이지 정부의 To 조선
첫 국서 도착.

. . . . .

굽씨의 오만잡상

막말 유신의 난세에 스러져간 전몰자들에 대한 위령제를 지내는 초혼사가 1865년 조슈 번 시모노세키에 처음 건립된 이후, 이런 류의 초혼사 설립 움직임이 일본 각지로 퍼져나갔습니다(사실 이게 오리지널 신토神道에서 딱히 근본 있는 건 아니라고 하죠).

그리고 무진전쟁 후, 오무라 마스지로의 건의에 따라 도쿄에 무진전쟁 전몰자들을 위한 초혼사 건립이 추진되었습니다. 그리하여 1869년 8월, 군이 관리하는 신사인 도쿄 초혼사가 창립됩니다(시설 완공은 1872년). 1868년 암살당한 오무라 마스지로의 신위도 이곳의 제신 명부에 오르게 되었지요. 1879년에는 이곳의 이름이 야스쿠니신사로 바뀌었습니다.

그리고 야마다 아키요시 등의 높으신 분들이 일본에도 유럽처럼 멋있는 동상이 있으면 좋겠다는 의견을 내, 1886년 야스쿠니신사에 오무라 마스지로 동상 건립이 결정됩니다. 제작자로는 일본 최초의 관립 미술학교인 공부미술학교工部美術学校 조각과 수석 졸업자인 오쿠마 우지히로가 선정됩니다.

하지만 대충 일본 전통 불상 만드는 가락으로 만들면 되지 않겠냐는 높으신 분들 생각과는 달리 서양식 사실주의 동상은 고도의 기술과 예술적 감각을 요하는 것이었습니다. 때문에 오쿠마는 유럽으로 건너가 파리와 로마의 미술학교들을 다니며 주조 기술과 기예를 익히게 됩니다. 그리 공부한 다음, 오무라 마스지로의 초상화와 주변인들의 증언, 오무라 집안 사람들의 얼굴 형태를 연구해 오무라 마스지로의 생전 모습을 구현해냅니다.

그리하여 계속된 마감 연기 끝에 결국 1893년에야 이 일본 최초의 서양식 동상 제막식을 가질 수 있었습니다. 동상을 받치는 기단 포함 높이 12m에 달하는 거상의 위용에 도쿄 시민들은 크게 감탄했지만, 오쿠마가 심혈을 기울여 표현한 오무라 마스지로의 얼굴은 정작 그 높이 때문에 제대로 보이지 않게 돼버렸지요(그 때문인지 5년 후 제막된 사이고 동상의 얼굴은 밑에서도 잘 보이게 큼직막하게 만들어집니다).

일본군의 아버지 오무라 마스지로, 그의 동상은 일본군의 신당 꼭대기에서 일본군의 영광과 몰락을 시작부터 끝까지 지켜보게 됩니다. 그리고 오늘날까지 그 자리에 뻘쭘하게 서서 자신의 죽은 자식 불알을 주무르러 드나드는 사람들을 끝없이 지켜봐야 하니, 너무 가혹한 형벌이 아닐까 싶습니다.

제 2 장

Forbidden
Tomb

독일 함부르크의 유대인 은행가 집안인
오페르트家의 첫째, 셋째 아들은
저명한 동양학자가 되었고,

미래에는 아시아의
시대가 열릴 겁니다!

둘째 아들인 에른스트 오페르트는
홍콩에 가서 사업을 벌였다.

물론! 발 빠르게
동양 코인 탑승해야죠!!

에른스트 야코프 오페르트

덕궈 라이라이~!

그리 벌인 사업은 말아먹었지만,
에른스트 오페르트는
어째선지 조선에 꽂히게 되고,

그래, 중국과 일본은 이미
레드오션! 조선이 아직
열리지 않은 블루오션이다!

1866년, 영국인들과 함께
두 차례 조선을 방문.

저먼 테크놀로지
쬐끔만 맛보시라요!

아, 독일 차는 무서워서
안 타요, 안 타;;

하지만 곧이어
병인양요가 터지면서
조선의 문은 더 굳게 닫힌다.

음;; 어떻게 하면 조선인들
마음의 문을 열 수 있을까…

프랑스 놈들은 등신같이
무력 휘두르다
망신만 당했고…

그러다가 조선에서 도망쳐 나온 페롱 신부와 만남.

아, 신부님, 요번에
조선에 함 가볼까
하는데요~

조선에 간다면 제일 먼저
뭘 해야 하는지 아시오?!

페롱 권 스타니슬라스 신부 천주교도 최순일

일찍이 용한 풍수쟁이가
흥선군에게 길한
못자리를 하나 알려줬으니―

흥선군은 가산을 털어 가야사를 통째로 구입한 뒤
불을 질러 싹 정리.

영화 〈명당〉이
이 야사를 다룬 이야기죠.
망했지만.

그리고
아버지 남연군의 묘를
그 자리로 이장.

이후,
그 명당의 기운을 받아 아들을
왕좌에 앉힐 수 있었던 것이다!

즉, 대원군 권력 운의 근원인
저 남연군 묘를 파괴한다면,
그 잘난 권세도 끝장날 것이다!!

–라는 주술적인 관점에 더해–
그 묘에서 남연군의 시신을
파내온다는 실질적인
방책이 가능하겠군요!!

시체 절도는 동서고금을 가리지 않는 범문명적인 범죄로,
19세기 유럽에서도 시신의 몸값을 노린 시신 절도,
해부 실습용으로 팔기 위한 시신 절도 등이
늘상 이어져왔습니다.

기독교 문명권에서는
육체의 부활 믿음 때문에
시신을 중시하지요.

이 몇 년 후에 미국에서는 링컨 대통령
시신 절도 미수 사건이 일어나기도.

조선에서도 시신 절도범들은
부모 시신이 상할까 두려워하는
양반들에게서 종종 몸값을
뜯어내왔습니다.

선진 장묘 문화를 위한
화장 어떠신지요?

으에!! 돈 줄 테니까
제발 성히 돌려다오!!

이 유교 신정주의 국가인 조선에서
부모 시신을 가지고 협박한다면
그 누구도 굴할 수밖에 없을 것!

남연군께서 종교의 자유와
무역 개방과 수목장을
원하시는 듯합니다만?

크윽;; 내가 졌다;;
다 수락하겠다;;

그리 계획을 세우면서
미국인 젱킨스와도
의기투합.

오, 아이디어 쩌는데?!
나도 투자합시다!!

미국 영사관 통역 & 상인
프레드릭 헨리 B. 젱킨스

마침 이번에 우리 미국 군함
셰넌도어호가 셔먼호 사건
진상규명을 위해
대동강으로 향한다고 함.

제너럴셔먼호라고
혹시 본 적 있으신가요?

평양

대동강

1868년 4월 10일,
셰넌도어호 대동강 어귀 도착.

어, 아마;;
부산 서면 짱이
제너럴 서면일까요~

셰넌도어호가
약 20일간 조사 활동을
벌이고 가는 동안
조선 당국의 관심은
온통 대동강 쪽에
쏠리게 되었으니.

음.
대충 윤곽이 잡히네요.
ㅃㅃ~ 씨유 어겐~

으어; 뭔가 눈치챈
모양인갑다;;

그 틈을 노려,
우리는 남연군 묘가 있는
충청도로 가는 겁니다!!

1868년 4월, 오페르트 일당은 차이나호와
그레타호를 타고 나가사키를 거쳐 충청도로 향한다.

오페르트 일당과 뮐러 선장 등 서양인 9명.

최선일 등 조선 천주교도들.
100여 명의 중국, 필리핀 선원들.

1868년 5월 8일, 아산만으로 진입.

5월 10일,
강을 타고 올라와
덕산군 구만포에 상륙.

하라쇼!!
우리는 러시아 군병임스키!
풍수지리 현장학습을 위해
남연군 묘를
답사하고 싶스키~!

러시아군이라고 뻥치고
남연군 묘로 향한다.

덕산군수는
오페르트 일당의 총포에 쫄아
이들을 막지 못하고.

그날 밤,
남연군 묘에 도착해
5월 11일 새벽까지
열심히 파제낌.

이들의 삽은 곧 무덤의 딱딱한
석회 관곽에 부딪치게 되고,

아산만을 빠져나온 일당은
5월 14일, 영종도에 도착.

그냥 돌아가긴
좀 아쉬우니
뭔가 해보고 가죠.

본인은 독일 해군 제독 대발이라 하오!
대원군에게 이 편지를 전달해주시오!
그리고 물자도 좀 구입하고 싶소만.

영종첨사 신효철에게
문서 전달과 통상 요구.

이거나
까드시구랴.

이에 5월 17일, 오페르트 일당은
영종진을 공격.

근데, 프랑스군도 실패한 공격을
우리가 왜 하고 있는 거지?

전투 과정에서
필리핀인 2명이 전사하고
오페르트 일당은 도주.

정말 쓸데없는
발악이었다;;

그렇게 다 실패하고
상하이로 돌아가게
된 것이었던 겁니다….

조선을 사랑하는
마음이 부족했나….

사건의 전말과 오페르트 일당이 남긴 문서를
운현궁에서 접하게 되고.

ㄷㄷㄷㄷ;;

어; 대충, 남연군 시신
꺼내 가려다가 예의가
아닌 것 같아서 봐줬다는
내용이고요,

교섭 요구에 응하지
않으면 조선이 큰 화를
당할 겁니다;;

앞으로 양놈들은
무조건
불구대천의 원쑤다!!

죽은 필리핀인들의
머리가 효수되고,

백성들은 양놈들의 야만스러움에
치를 떨며 배외감정 증폭.

내응한 천주쟁이들
다 잡아 찢어 죽여라!!!

도굴이라니;;
미개하다; 미개해;;

천주쟁이들이
매국노 앞잡이구만;

조선은 외교 루트로
청 조정에 이 만행을 성토,

아니, 진짜, 형님,
사람 좀 가려 사귀소.

무덤 파헤치는 양아치들이
무슨 서구 문명 어쩌고
잘난 척이라니!!

청조는 이를 서양 외교관들에게 전달,

–라는 데요?

허걱;;

이에 상하이 외교가는 오페르트 일당에
대한 법적 조치에 들어간다.

서양 문명 전체를
망신시킨 책임을
묻지 않을 수 없다!

아니; 개인보다는
국가들이 서양 망신 더 많이
시키지 않았나요.

영사재판 결과 젱킨스는
증거 불충분으로 석방되었고,

아오; 미국으로
돌아가자;;

페롱 신부는
파리 외방 선교회에 소환되어
인도에 말뚝 박게 된다.

독일로 돌아간 오페르트는
조선에서의 해군 제독 사칭이
공무원 사칭죄에 걸려
잠시 감옥살이를 하게 된다.

어휴, 유대인 놈이
나라 망신시킨
꼬라지 보라지.

이후 1880년,
오페르트는 자신의 조선 경험을
책으로 써서 남기게 되었으니.

나도 일단은
동양학자라고.

《금단의 나라, 조선》
이 책은 조선에 매우 우호적인 기술로
유명합니다. 오늘날이었다면
친한파 국뽕 유튜브로 크게 흥했겠죠.

이를테면—

"조선인들은 품행, 인성이 좋아서
나라에 중범죄가 많지 않다."
"조선인들은 그 이웃들보다 키와 체구가 더 크다.
얼굴도 흰 걸 보니 혹시 코카서스계?"

이리 조선인에 우호적이었던 오페르트는,
자신이 벌인 모든 행위가 저 훌륭한 조선인을 억압하는
대원군의 압제를 타파해, 조선인을 해방시키고
문명 세계로 이끌기 위한 것이었다고 생각했겠지요.

"그들은 이웃 나라 사람들보다 온화하고
친화력 좋고, 정직하고, 순수하다."

저딴 정부에게
이 백성은 너무
아까운 것이다!!

오오! 신앙의 자유!
서양인 구원자 님,
당케 쉔!!

So, 봉건 전제 왕실
조상 시신 따위보다야
이런 친한파 책 한 권이
훨씬 가치 있지 않습니까?!

친한파 독일 남자 오페르트!
사면, 복권, 재평가해줍시다!!

ㄴㄴ. 오페르트는
1903년에 죽을 때까지
조선 입국 금지였고요,

도굴, 도발 같은 뻘짓으로 조선 조야의
反 서양 감정만 몇 배로 증폭시켜,
결과적으로 조선의 개화 동력을
약화시켰으니 역사에 끼친
해악이 큽니다.

뭔 책 한 권으로
퉁칠 업보가 아니죠.

제 3 장

Hi Busan,
Bye
Dooman

한반도와 일본 사이에
위치한 섬 쓰시마.

12세기 후반 이래
소씨 가문이 쭈욱
다스려왔지요.

후쿠오카 근처 약간의
땅도 쓰시마 번 영지로
소유하고 있다.

척박한 돌산 섬으로
섬 내 수확량은 쌀 4,500석,
보리 1만 수천 석에 불과했지만―

조선과 마주보고 있는 위치 덕분에
일본의 對조선 무역과 교섭을 전담하며
짭짤한 이익을 누릴 수 있었습니다.

So, 소 가문은
10만 석급 다이묘로
대우받았지요.

조선에서 면직물, 견직물,
인삼, 소가죽 등을 수입해
일본 본토에 팔고,

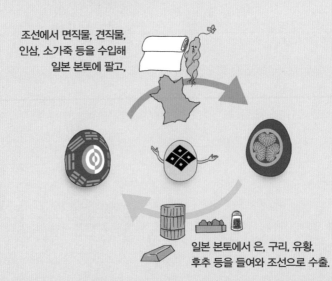

일본 본토에서 은, 구리, 유황,
후추 등을 들여와 조선으로 수출.

여기에 더해 섬 남부에 은광도 있고 해서 18세기 중엽까지는 꽤 풍족한 섬이었죠.

Silver

But 19세기로 접어들면서 은광이 고갈되고, 면직물, 인삼 등의 일본 국산화가 진행되면서 조선 무역도 쇠퇴.

관광업이라도 밀어볼까;;;

1861년, 러시아 군함의 무단 점거 사태도 겪고.

즈드라스뜨부이쩨~!

으어; 관광객 안 받아요;;

이에 쓰시마 번의 가로 사스 아오리의 주도로 쓰시마를 막부에 바치고, 소씨 가문은 내지의 천령 13만 석 상당 영지로 전봉가자는 계획이 추진되었다.

쓰시마는 교역과 전략의 요충지니 막부에서 직할령으로 관리하는 편이 좋지 않겠습니까?

ㅇㅇ 진행해봅시다.

쓰시마 번 가로 사스 아오리   막부 로주 안도 노부마사

하지만 번사들의 반발로
전봉 계획은 무산되고
사스 아오리는 살해당한다.

이 시국에 700년 가업을
팽개치고 윗분들만
커맨드 센터를
띄우시겠다고라?!

크엇; 탈주
실패;;

시대 조류에 따라 좌막파와
도막파가 번갈아가며 집권.
서로 100여 명씩 죽여대는
혼란이 이어지다가,

이 작은 섬에서
많이도 죽어나가네;;

지리적, 경제적으로 쓰시마는
조슈와 친목이 깊은지라,
최종적으로는 도막파가 승리!

왕정복고 쿠데타 시작부터
삿초 측에 가담.
쓰시마 번은 유신 공훈 번이 된다.

버스 일찍
제대로 탔다;ㅎ

048

자, 이제 정부가 바뀌었으니 對조선 외교를 담당하는 쓰시마에서 정권 교체를 조선에 알리도록 하세요.

아; 예;;

음;; 정권 교체기의 對조선 교섭은 250년 만의 빅 이벤트인가;;

여지껏 해오던 대로 눈치껏 분위기 잘 맞춰서 사바사바 진행해얍죠.

쓰시마 번주 소 요시아키라(21세)

거, 서로 세금 낭비하지 말고 번거로운 오프 만남은 생략합시다.

ㅇㅇ, 무소식이 희소식이죠~

1811년, 마지막 조선 통신사가 쓰시마에 왔다가 돌아간 이후, 양국 간 사신 교류는 끊겼지만—

부산의 초량 왜관에서 쓰시마가 막부를 대리해 외교 서신을 주고받으며 교류를 이어오고 있습니다.

아그레망 받으십쇼~

부산 초량에는 용두산을 중심으로 10만 평 규모의 왜관이 있어서—

(부산타워)
용두산
(여객 터미널)
왜관 부두
왜관 지구
(롯데 백화점)
19세기에는 바다
(영도 대교)

관사, 창고, 공방, 료칸, 튀김집, 신사, 절 등등

(노란색 영역, 현재 부동산 가치 약 4~5조 원.)

수백에서 천에 달하는
대마도인들이 머물고 오가며
조선 상인들과
교역하고 있습니다.

일본이 양놈들이랑 거래 트면서
조선 무역은
더 시들해진 거 같아요;;

그래도 몇 백 년의 끈끈한
전통 거래는 이어지고 있죠.

왜관 입구의 약조제찰비에
새겨진 왜관의 규율은−

● 허가 없이 왜관 밖으로
　나오면(난출) 사형.

● 조선인과 일본인 사이에
　밀무역이나 대출 거래 시 사형.

이런 대출은 거의 밀무역
대금 용도였거든요.

● 폭력, 구타, 가혹 행위 금지.

● 일본인끼리는 그들 법 적용(치외법권).
처벌은 왜관 밖에서 집행.

이런 식으로 250년간
평화로운 왜관 라이프가
이어져왔는데−

저; 이번 서계는 느낌이
살짝 다르겠습니다요.;;

1869년 1월 31일,
왜관에서 쓰시마 사절이
조선 측에 서계(외교문서)를 전달.

훈도 안동준   예!?   정관 후지나오 시키

대충 도쿠가와가 무능하여 망했다는 내용…
대충 우리 황상이 왕정복고 했다는 내용…
귀국은 우리와 오랜 우의가 깊으니
앞으로도 잘 지내자는 황칙…

(쓰시마 번주) 제가 좌근위소장 벼슬 받음을
그래서 조신이라 칭함.

일본국
정부인

아니; 저기, 잠깐;;

일본 놈들 서계에
갑자기 뭔 황상, 황칙, 조신 같은
단어들이 나오는데요.;;

뭐, 격식도 용어도 다 이상하고,
도장도 조선에서 준 도장이 아닌
이상한 도장 찍혀 있고;;

폼이 안 맞아서 접수 불가입니다;

하아;;

조선 측은 훈도 선에서
일본의 서계를 반려.

쓰시마인들은
1년여 동안 왜관에 머물며
서계 접수를 위해 노력하지만

부산첨사 나으리
뵙게 해주세요~

동래부사 나으리
뵙게 해주세요~

결국 실패하고 1870년 귀국.

피드백 반영해서
다시 오세요~

하; 까탈 쪄네;

이 문제는 도쿄의 외무성에 보고되고,

조선 놈들이 컨펌을
안 내주는데요;;

큼.

외무경 사와 노부요시
(산조 사네토미 라인 공경)

조선 놈들, 되도 않게
튕기는구만!!

영불러미 서양 만국이 다
우리 황상을 Emperor로
인정했는데, 지들이 뭐라고
인정하네 마네야?!

그리 무시당할 순 없지!!
외무성 인원들로 다시
서계를 보내도록!

근데 진짜 근본 문제는
동양식 전통 외교 프레임과
서양식 근대 외교 프레임의
충돌 아닌감요?

이에 1870년 12월,
일본 외무성 직원 3명이
왜관으로 파견된다.

뭐, 그도 그렇고, 일단
용어에 따른 Kibun의
문제라는 게 있으니…

청나라를 황제국으로 받드느라 우리는 皇 자 안 쓰는데,

일본 놈들이 천황 드립 치는 걸 받아주면 우리가 후달려 보이잖아.

물론 조선 측이 실질적으로 가장 크게 문제 삼은 건 일본 측 서계의 단어 사용과 격식이었는데

그러고보니 100년 전에 성호 이익 선생이 이 사태를 예견했었제;;

훗날, 도쿠가와 막부가 무너지고 임금이 다시 권력을 잡는다면,

그때 우리는 王이라 하고 저쪽은 皇이라 하니 외교를 어찌할 것인가?!

성호 이익(1681~1763)

성지순례들 하시라~!

어찌할 것인가? 어느날 갑자기 지인이 이상한 소리를 하기 시작한다면.

앞으로는 하오체를 사용하도록 하오. 그리고 본인을 '킹왕갓덴노형님폐하'라 부르도록 하시오.

잣을 까시오~

그냥 쌩까도 딱히 문제될 것 없어 보이지만.

그런 이상함을 트집 잡을
여유가 없는 위기에 놓여 있다면
얘기가 다르겠지요.

하지만 조선은 딱히 시국을
누란지위로 여기지 않고 있었으니

그런 쓸데기 없는 이웃 문제보다는
국내 문제가 훨씬 골치 아파;;

…흉년이라니;;
경복궁 공사에
차질이 심각하다;;

1867년부터 조선 땅에는
자연 재해가 잇따라─

수해!!!

냉해!!!

충해!!

으어;
천주교 박해 때문에
《출애굽기》에 나오는
징벌이 내려진 것인가!

056

1869년에 이르면
특히 북부 지역이 생지옥化.

동무,
사람 고기
먹어봤음메?

유니세프도
굿네이버스도 없는
시대라서요;

이에 백성들은
살길을 찾아
떠나기 시작하고.

무단으로 국경을 넘을 경우
처형당할 수도 있었지만–

뭐, 그리 빡세게
국경 경비를 하진 않아서
실제 처벌 사례는 그리
많지 않지요.

창춘 ·
· 지린
블라디보스토크
옌지(연길)
선양

1869년부터 3년에 걸쳐
6만여 명이 두만강을 건넌다.

60년대 초중반에 먼저 건너간
사람들 사례가 있어서
두만강 너머가 살 만하다는
소문이 돌았죠.

조선족들은 이를 1869년(기사년)
'기사흉년'이라 기억하고,

이 기사흉년 엑소더스가
조선족 역사의 메이플라워호지.

고려인들은 1870년(경오년)
'경오도강'이라 기억한다.

연해주 가서
정 먹을 거 없으면 해삼이라도
먹으면 되겠다 싶어서—

당시 만주에서는 쌀 한 되로
조선 아이 하나를 살 수 있었다고.

하지만 두만강 너머도
딱히 Hell이 아닌 건 아니라서,

원조 꽃제비인가;

강을 건넌 조선인들은 대개 중국인들 밑에서
노비나 다름없는 신세로 어렵게 목숨을 부지해야 했습니다.

그래도 조금씩 땅을
개간하고 얻어내며
뿌리 붙일 자리를
만들어갔네다.

청 당국은 처음에는 조선인들을
체포해 송환하기도 했지만,

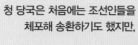

조선 거지 떼가
감히 봉금지에
함부로 들어오나!!

1870년대 들어 청조가 만주 봉금 정책을 폐지하면서

만주를 비워두면
러시아 놈들한테
홀라당 뺏길 판이야;;

조선 놈들이든
뭐든 아무나 와서
일단 땅 좀 일궈라.

셰셰~

만주의 조선인들도
거류를 묵인받게 된다.

퇴직금
내놔라 해!!

연해주는 원래
우리 땅이라 해!

블라디보스토크에서는 1869년,
중국인 노동자들─
'만자'들이 쟁의를 일으켜
러시아인 3명이 죽고
개척촌들이 약탈당하는
만자항쟁 발생.

으어; 연해주에 사람 없다고
중국인들 끌어다 쓰는 건
다시 생각해봐야 할 듯?

이에 러시아도 조선인들의 연해주 정착을 묵인.

그리하여 세계사의 다른 여러 이민자 그룹과 마찬가지로,
생존과 적응, 새로운 문화와 전통이 두 세기에 걸쳐
낯선 땅을 고향으로 일궈간다.

제 4 장

1860년대
연대기 上

1861년

1월, 주일 미국 공사관 통역 휴스켄 피살.

막부는
유족 보상금
1만 달러 지급.

3월, 러시아 군함 파사드닉호,
쓰시마에 기지 건설 시도.

영국 함대의 압박과 본국의 방침에 따라 철수.

12월, 쇼군 이에모치, 가즈노미야와 국혼.

5월, 조선 열하문안사, 함풍제 예방.

8월, 함풍제 사망.

9월, 증국전 軍, 안칭 함락.

11월, 신유정변.

크액!! 망국으로 가는
첫 단추가 될 거다!!

숙순과 고명대신 권신 일파 숙청.
권력은 동서 양 태후와 공친왕에게로.

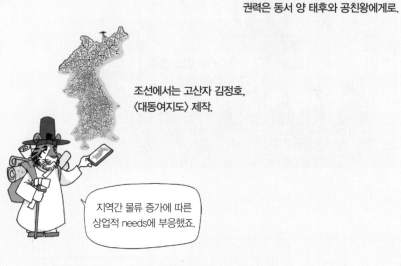

조선에서는 고산자 김정호,
〈대동여지도〉 제작.

지역간 물류 증가에 따른
상업적 needs에 부응했죠.

3월, 이탈리아 왕국 선포

오~! 통일 이태리~!♪
오~ 통일 이태리~♬

의리 있게 남부를
국왕 폐하께 바칩니다!

으리! 으리!!
이태으리!!

4월, 美 남북전쟁 발발.

3월, 러시아 농노 해방령.

알렉산드르 2세

9월, 아르헨티나 내전에서 부에노스아이레스가
지방 연합을 누르고 승리.

그 밖에—

1860년, 스위스에서 호이어 론칭.

그리고 100여 년 후에
TAG 그룹에 인수되어
태그 호이어가 된다.

1860년, 조셉 스완이 탄소 섬유 개발.

이젠 별걸로 다
옷감을 짜게 되는군요.

1860~61년, 벨기에의 에티엔 르누아르,
최초의 내연기관 완성.

이 내연기관을 그대로
차량과 보트에 장착해본 것이
최초의 내연기관 차량과
내연기관 선박이라 합죠.

계산해보니까,
이산화탄소가
주범이더라고.

1861년, 존 틴들,
여러 기체의 적외선 흡수량을
측정해 지구 온실효과 설명.

뭐, 딱히 별
문제는 안 되겠지?

1861년, 프랑스의 피에르 폴 브로카,
뇌 좌반구 전두엽 안쪽의 언어 중추-
브로카 영역 발견.

사람이 말을 하려면
이 부분이 활성화되어야 함.

ㅎㅏ느ㅈㅜ일 S세계SA
4ㄹ a sa ㄴㅏ-

전쟁의 근본 요소는
무엇인가!
바로 병사!

전쟁을 없애기 위해
병사를 줄인다!!
(물리적으로)

미국에서는 리처드 조던 개틀링이
개틀링 기관총 발명.

美 연방군에 젤리빈 보급 시작.

젤리빈의 기원은 터키
과자인 로쿰이라고 하죠.

1862년

5~8월, 상하이 일대 전역, 이수성 VS 이홍장.

9~11월, 난징 근교 우화대 전투.

5월, 사쓰마 국부 히사미쓰,
상경 레이드 시작.

교토 찍고! 에도 찍고!
막부 리더십 부재~ 힘의 공백을 압박해
히토쓰바시파 정권을 수립한다!

자, 나님이 이리 밀어드렸으니,
함께 천하를 잘 주물러봅시다~

· · · · ·

8월, 요시노부,
쇼군 후견직으로 입각.
히토쓰바시파 정권 수립.
분큐 개혁.

9월, 히사미쓰의 귀환 길에 호위무사들이
영국 상인을 살해하는 나마무기 사건 발생.

섬나라 오랑캐가
무엄하구나!!!

3월, 진주민란 발발.

남부 지역 전역으로
민란이 확산되어
임술농민봉기라
일컬어진다.

6월, 1차 사이공 조약 체결.

베트남, 메콩강 하류 동부 3성과
꼰다오제도를 프랑스에 할양.

3월, 최초의 철갑선 간
교전인 햄튼 수로 해전.

9월, 링컨,
노예해방 예비 선언.

내년 1월 1일부터 미국 내
모든 노예들은 자유인입니다!

예아!
문명 브로~!

11월, 안나 레오노웬스,
태국 왕실에 가정교사로 취직.

링컨 대통령에게
태국 코끼리 부대를
지원하면 어떨까 싶소만.

라마 4세

Shall~ we Dance~ ♬
Shall ~we Dance~ ♪

1956년, 율 브리너 주연으로 영화화.
태국에선 상영 금지 크리.

아오, 헐리우드
오리엔탈리즘 쩌네!!

윙; 멋있는데 왕;

헐리우드에서 〈킹 세종〉
찍으면서 로다주 주연에
'햄버거 맛있쪙' 같은 대사나 치면
보기 좋을 것 같냐?!

어;; 괜찮을지도?;;

쿠바에서는
돈 파쿤도 바카디 마소가
럼 브랜드 바카디 론칭.

이로써 피규어의
신세계가 열릴 것이다.

영국에서는
알렉산더 파크스가 최초의
열가소성수지(플라스틱)—
파크신 상품화.

프랑스에서는 《레 미제라블》 출간.

1863년

5월, 이수성의 안휘성 공세 실패.

이제 태평천국은 어디로도 활로를 뚫지 못하고 난징에서 말라 죽을 운명 확정이다!

6월, 섬서 지역 회족 반란- 둥간혁명 발발.

알라후 아크바르!!!

7월, 석달개 처형, 세력 전멸.

입촉은 아무나 하는 게 아니구나;;

이렇게 동부전선은 상승군의 힘으로 거의 평정되는 거죠!

12월, 쑤저우 함락.

(& 투항자 전원 학살.)

4월, 230년 만의
쇼군 교토 상경.
천황 알현.

그리고 천황의
양이 총공격 명령을
받드는 척한다.

6월, 조슈, 시모노세키해협 봉쇄.
막부와 제번이 양이 공격 명령을
흘려 넘기는 와중에
조슈 홀로 시모노세키해협을
봉쇄하고 양이 전쟁 개시.

7월, 미국과 프랑스 함대에
조슈 포대들이 뚜까 터졌지만,
조슈는 양이 태세를 풀지 않는다.

8월, 나마무기 사건의 배상을 요구하며
영국 함대 사쓰마 침공. 사쓰에이 전쟁 발발.

가고시마가 불바다 되고,
영국 함대는 피해를 입고 퇴각.
이후 양측은 서로를 인정하고
협조 관계로 발전.

9월, 8·18 정변(음력) 발발.
조정과 교토의 조슈 세력 축출.

1월, 폴란드 1월 봉기.

1년 후 무력 진압당하고,
폴란드는 러시아 직할령으로 전락.

6월, 멕시코 침공 프랑스군,
멕시코시티 입성.

1년 후, 프랑스의 괴뢰 황제
막시밀리안 1세 즉위.

1월, 런던 지하철 개통.

이탈리아, 시멘트 회사
이탈시멘티 창립.

로마제국은
시멘트 제국이었지요!

J. J. 리처드슨이 소켓렌치 발명.

이제 기계를 좀더
깊이 있게 조일 수
있습니다!

파스퇴르,
생물속생설 입증.

미생물은
자연발생 하는 게 아니야!!

그러니까 손 좀
씻고 다녀!!

에두아르 마네, 〈풀밭 위의 점심식사〉 발표.

이 점심 이후로
미술사의 새 시대가
열릴 것이다.

1864년

1월, 철종 승하.

그래도 조선 말 난국을 두고
내 탓하는 사람은
별로 없어서 다행임요.

흥선군 차남 이명복, 왕위 등극.

the 고종

공식 직함 없는 권력이
젤 무서운 권력이죠! ㅎ

이와 함께
흥선대원군
정권 시작.

4월, 산요회의 붕괴, 히토쓰바시파 연합 파탄.

5월, 요시노부와 마쓰다이라 계통 연합으로
이치카이소 정권 수립.

8월, 조슈의 교토 공격- 금문의 변 발발.

조슈의 참패 & 교토 대화재.

9월, 4국 연합군 함대가 시모노세키의 조슈 포대 공격.

조슈의 참패 & 시모노세키 개항.

9월, 1차 조슈 정벌군 집결.

12월, 조슈 항복, 도막파 리더들 처형.

1월, 난징 포위 시작.

6월, 홍수전 사망.

2월, 2차 슐레스비히-
홀슈타인 전쟁 발발.

덴마크가
프로이센 오스트리아
연합군에 처발리고
슐—홀 땅을 뱉어낸다.

매칭
똥망;

Meanwhile 19세기에 이르러
갈매기 똥이 쌓여 만들어진
구아노가 비료와 화약의 재료인
질산염의 재료로 각광받기 시작한다.

갈매기 님이 주신
구아노의 맛, 평생
잊지 않겠습니다~

1864년 4월, 스페인 소함대가 구아노 산지인
페루 앞바다 친차제도를 점령, 이에 주변국들이 분기탱천.

뭐, 코딱지만 한 돌섬,
옛 주인님이
좀 쓰시겠다는데—

페루, 칠레, 에콰도르가
연합군을 결성해
스페인에 맞서며
친차제도 전쟁 발발.

동네 사람들!!
스페인 압제자들이
돌아왔습니다!!

The Empire
Strikes Back!!!

우루과이로 가려면 아르헨티나 영토를 지나야 하니 길을 빌려달라!

뭔 정명가도 개드립이여;;

어, 그럼 너도 전쟁이다!

이어서 다음 해 1월, 아르헨티나에도 선전포고.

파라과이의 독재자 로페스 대통령은 부친의 뒤를 이어 강력한 근대화, 선군 정치를 추진해왔기에─

이 10만 강병이면 점심은 부에노스아이레스에서! 저녁은 리우데자네이루에서!!

실제로 전쟁 초반, 파라과이군은 삼국 연합군을 탈탈 털어버렸고.

꾸루빠이티 전투 같은 경우에는 5천 파라과이군과 2만 연합군이 붙어서 파라과이군 사상자 50명에 연합군 사상자는 5천여 명 났지요.

교환비 100:1 실화냐;

크핫핫핫!! 내가 바로 남미의 나폴레옹이다!

· · · · ·

전쟁이 장기화될 경우 저 대국들과의 근본적인 체급 차이를 극복할 수 있을지;;;

…그래, 결국 나폴레옹이 어떻게 됐더라?

MEANWHILE

1864년 6월, 적십자 창립.

앙리 뒤낭

이탈리아 통일 전쟁 당시, 전장의 참상을 보고 충격 먹음. 전쟁 피해자들을 위한 구호 단체가 있어야겠더라고요.

하이네켄은 독일이 아니라 네덜란드제라고!!

네덜란드에서는 하이네켄 맥주 사업 시작.

하이~ 하이~

네~ 네~

kennen~ kennen~

맥스웰 방정식

영국에서는 맥스웰이
《전자기장의 동역학적 이론》 출간.

1865년

5월, 고루채 전투에서
염군에 의해 팔기군 주력 궤멸.
승격림심 전사.

6월, 위구르 봉기.

공친왕,
의정왕직 사임.

황숙이 권좌와 너무 가까운 건,
도련님한테도 안 좋은 일이에요~

복건성에서는 마미 조선소 건설 시작.

상하이에서는 강남제조국 설립.

4월, 조슈에서 도막파 기병대가 봉기하여 조슈 번정 장악.

이리 되었으니,
다시 막부와
시비가 붙겠죠.

11월, 효고 개항 협상.

5월, 남부 항복으로 남북전쟁 종전.

10월,
파머스턴 총리 사망.

부탄 전쟁 종결(1864년 11월~1865년 4월).
11월, 신출라 조약으로 부탄은 영국에 일부 영토 할양.

오스트리아에서는 멘델이 유전법칙 발견.

…대머리는 우성형질이었에!!

으아아아아액!!

미국에서는 윌리엄 불럭이 현대식 윤전기 완성.

1분에 1천 장을 찍어내는 이 윤전기로 미디어 혁명이 시작될 것이다!!

불럭은 미디어 혁명을 보지 못하고 윤전기에 다리가 말려들어가 사망한다.

미네소타에서는 윌리엄 카길이 곡물회사 카길 설립.

카길만 먹게 해줄게~♬

Cargill

프랑스에서는
쥘 베른의
《달 세계 여행》 출간.

영국에서는 루이스 캐럴의
《이상한 나라의 앨리스》 출간.

6월, 런던에서 랭함 호텔 론칭.

랭함 팜코트에서 최초로 상업적 애프터눈 티 다과 서비스가 시작된다.

굽씨의 오만잡상

당연한 얘기지만, 이 연대기 지면에 1860년대의 모든 것을 아주 엄밀하게 담을 수는 없었습니다. 생각나는 대로, 눈과 손에 걸리는 대로 대충 집어다 붙인 리스트인지라 돌이켜보면 아주 중요한 사건을 깜빡한 경우가 적지 않습니다. 1865년의 링컨 대통령 암살 사건도 깜빡 빼먹었고, 1869년 세계 최초의 프로 야구팀인 신시내티 레드스타킹스의 창단도 언급하지 못했지요. 뭣보다 가장 큰 깜빡은 1864년 제1 인터내셔널의 창립을 깜빡한 것입니다. 이건 마치 조선사 연대기를 쓰면서 경신환국을 깜빡한 것과 비슷한 레벨의 '정줄놓'이라 할 수 있겠습니다.

어떻게 가능한 일이었는지는 모르겠지만 대충 1863년의 폴란드 봉기 진압에 대한 항의의 기치 아래, 1864년 9월 28일 런던의 세인트 마틴 홀에서 영국과 프랑스의 노동조합 지도자들이 모여 국제 노동자 연합을 창립했습니다. 명망 높은 칼 마르크스를 위원장으로 모시고 말이죠. 그리고 유럽의 모든 노동자, 사회주의 조직을 총괄한다는 야망을 품고 제네바 대회와 헤이그 대회 등을 이어갑니다. 마르크스는 이를 통해 세계 혁명을 구상하며 두근두근했겠지만, 프루동주의자, 블랑키주의자, 무정부주의자 등의 여러 분파는 마르크스주의자들의 주도권을 인정하지 않았고 인터내셔널은 곧 내분으로 주저앉게 됩니다.

1차 인터내셔널의 이 같은 얄팍한 실상에도 불구하고 당대 유럽의 대중 언론은 인터내셔널에 상당히 과장된 이미지를 갖습니다. 인터내셔널이라는 세계적인 노동자 비밀결사 조직이 저 수많은 파업들을 뒤에서 조종하고 이 사회를 뒤집어엎을 기회만 호시탐탐 노리고 있다고 말이지요(사실 딱히 틀린 말은 아니군요).

뭐 결국 1차 인터내셔널은 파리코뮌 때 유럽 전체에 혁명의 불길을 일으키지도 못했고, 이후 각국 정부의 탄압과 자체 분열을 통해 1876년 소멸하게 됩니다.

동양에서는 산조 사네토미 같은 귀족 정치인이 사회주의에 흥미를 보이기도 했다고 합니다만, 뭐 결국 동양 각국 역시 서양 집권층의 성향을 좇아 '몹쓸 빨갱이들' 탄압의 길을 가게 되지요.

제 5 장

1860년대
연대기 下

1866년

조선에서 병인박해 시작.

가톨릭 교도 8천여 명과
프랑스 신부 9명 처형.

3월, 고종과 민자영 국혼.

우리 집안과 대대로 사돈인
여흥 민씨라서 안심~!

8월, 평양에서
제너럴셔먼호 사건 발발.

사실 국제법으로 따져도
정당한 해적선 토벌임요.

10월, 병인양요 발발.

강화도가 거의 다 점령되고
한강 수운이 봉쇄되는 등,
엄청난 위기였다!

하지만 프랑스 함대의 준비 부족과
조선군의 근성 있는 반격으로
원정 목표 달성이 요원해지고;;

11월, 일련의 전투 이후
프랑스 함대 철수.

한편 일본에서는 3월, 삿초 동맹 성립.

일본은 앞으로 우리가
다 해먹읍시다!

6월, 2차 조슈 정벌 전쟁 시작.

막부의 정벌군은
기세등등하게
네 방면에서 조슈로
진군했으나ㅡ

네 방면에서 모두 패퇴.
역으로 조슈군이
경계 너머로 진격해나온다.

8월, 쇼군 이에모치 사망.

이로써 조슈 정벌 중지, 종전.

이 와중에 12월, 하치노헤 사건 발발.

홍콩에 거주하는 정체불명의 일본인
하치노헤 순숙(필명?)이라는 자가 외국인 신문인
《중외신문》에 괴이한 기고문을 낸다.

일본은 군제 개혁으로
신식 무기와
함선을 갖췄다. …

막부는 전국의 제후를 집결,
80여 척의 화륜선을 동원해
조선 정벌을 계획 중. …

조선이 대대로 조공해오다가
그 사절이 끊긴 지 오래이기 때문에,
이를 징벌하기 위함이다!

WHAT?!!!??!

중국을 통해 이를 전해들은 조선은 쓰시마를 통해 막부에 문의.

─라는 기고문이 실렸다는데
이게 뭔 쌉소리래요??!!?

아이고; 세상에
뭐 그런 황당한
찌라시 가짜 뉴스에
낚이고 그러신다요;;

막부의 즉각
부인으로 일단락.

Meanwhile,
유럽에서는 6월 보오전쟁 발발.

전쟁 결과, 독일 정치판에서
오스트리아 추방.

런던에서는 오버랜드 상업은행 파산으로 경제공황 발생.

이와 함께 선거법 개혁을 요구하는 하이드파크 시위 시작.

시위는 다음 해 선거법 개혁 때까지 계속 이어진다.

멕시코에서는 미국의 공화국군 지원 시작.

1866년 하반기부터 프랑스군 철수 시작,
다음 해 철수 완료.

친차제도에서는
스페인 함대의 철수로
친차제도 전쟁 종결.

대서양에서는
대서양 횡단 전신 케이블
설치 성공.

러시아에서는 도스토옙스키,
《죄와 벌》 출간.

1867년

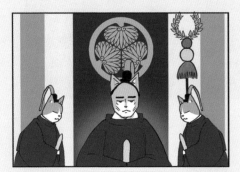

1월,
요시노부 쇼군 취임.

1월, 고메이 천황 사망.

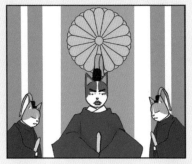

이어서 무쓰히토 천황 즉위.

11월, 막부 대정봉환 발표.

국가 통치 대권을
조정에 반납하나이다~ ㅎ

으따, 막부는
역시 충신인지고!
계속 나랏일을 잘
맡아주시게!

중국에서는 11월,
동염군 전멸.

5월, 오스트리아-
헝가리 대타협으로
오스트리아-헝가리
이중 제국 성립.

(헝가리 神鳥 투룰)

8월, 영국 보수당 정부
2차 선거법 개정.

이로써 유권자 숫자가
130만 명에서
250만 명(인구의 약 10%)으로 증가.

3월, 미국, 러시아로부터 알래스카 구입.

5월, 미국 상선 로버호가 대만에 표착.

파이완족이 로버호 승무원 14명 살해.

6월, 로버호 사건 보복을 위해 美 해병대가 대만에 상륙.

But 무더위를 이기지 못하고
별다른 교전 없이 곧 철수.

6월, 프랑스,
코친차이나 서부 3성 점령.

9월, 카를 마르크스,
《자본론》 1권 출간.

4~11월, 파리 엑스포 개최.

알프레드 노벨,
다이너마이트 발명.

미국에서는 실베스터 하워드 로퍼가
오토바이 발명.

로퍼는 자신이 만든 오토바이에 깔려 사망한다.

새뮤얼 페이가 페이퍼 클립 발명.

루시엔 스미스가 철조망 발명.

스위스에서는 앙리 네슬레가
네슬레社 설립.

훗날 페이지 형제의
앵글로-스위스 연유 회사와 합치게 된다.

1868년

이홍장, 권력의 중심부로 부상.

2월, 베이징조약 개정을 위한 벌링게임 사절단 출국.

불평등조약 개정은 실패했지만,
미국과의 조약을 통해 이민 문호는
확대할 수 있었지요.

일본에서는 1월,
왕정복고 쿠데타 발발.

우리가 이제
신정부다!!

왕정복고의 대호령으로 막부 세력을 교토 정치에서 축출.

이에 막부군과
신정부군이 충돌.
1월, 도바·후시미 전투 발발.

무진전쟁
Begins!!

막부군 처발림.

5월, 막부 항복
& 에도 개성.

6월, 동북 제번
신정부에 맞서 오우에쓰 열번 동맹 결성.
무진전쟁, 동북전쟁 국면으로 진입.

동북이 맘만 먹으면 물렁한 남쪽 놈들
다 씹어먹고 천하 제패 쌉가능!!

일련의 전투들을 통해 신정부군 동북 평정.

10월,
센다이 항복.

11월, 아이즈와 쇼나이의 항복으로 동북전쟁 종료.

11월, 도쿄 천도.

12월, 에노모토가 저항 세력 잔당을 이끌고
홋카이도로 건너가 에조 정권 수립.

Meanwhile 조선에서는 5월,
오페르트 남연군 묘 도굴 사건 발생.

8월. 중국 양저우에서는 양저우 교안(교회 관련 사건) 발발.

양저우 시민들이 몰려와 영국 선교사들의 교회당 방화.

양강총독 증국번이 사건을
수습하고 영국 선교회 측에
거액의 보상금을 제시.

아니, 뭐 죽은 사람도 없는데
보상금은 필요 없고,
강 교회당이나 복구해주세요~

여론을 의식한
영국 선교사들은
보상금을 거절한다.

스페인에서는 9월 혁명으로
이사벨 2세 퇴위.

비바 레볼루시온!!

피에르 장센이 태양 스펙트럼
분석으로 헬륨 발견.

태양신
헬리오스의 이름을
따 헬륨이라 한다!

He

쳇, Hell에서 따온 게
아니었구만.

루이지애나에서는 에드먼드 매킬레니가
타바스코 소스 론칭.

인도에서 잠셋지 타타가
타타 그룹 창립.

보스턴에서
루이자 메이 올컷,
《작은 아씨들》 출간.

1869년

조선, 기사흉년으로
북부 지방 초토화.

1월, 경상도 칠원에서 민란 발발.
현감 축출.

안동 김씨나
전주 이씨나
뭐가 다른거?!

이 시국에 관을 능멸하다니!!
관용 없이 엄벌로 다스려라!!

주모자 3명 처형.
가담자 다수 유배형.

5월, 전라도 광양에서
민회행의 난 발발.

이건 《정감록》 들고 나라를
뒤집자는 진짜 반란이라고!!

몰락 잔반 민회행이 이끄는
무리 70여 명이 광양성 점령.

으어?! 역도들이
총을 쏜다?!

But 곧바로 주변 지역에서 집결한
관군 수천 명에 의해 진압됨.

민회행 이하 일당
44명 처형.

부산에서는 1월,
쓰시마 사절단의 서계 접수 거부.

급행비 내면
받아주시려나;;

아, 양식 지켜서
작성해 오라니까요;;

6월, 홋카이도의
에조 정권 항복.

'에조 공화국'으로
포장해서 잘 상품화
해보자고….

권세형 환관 계보라는
중국사의 거대한 한 줄기가
이렇게 끝나는구나.

중국에서는 9월,
안덕해 처형.

스캉

미국에서는 5월,
대륙횡단철도 개통.

11월, 수에즈운하 개통.

미국에서는 9월, 경제공황.

검은 금요일이다!!

원인은 제이슨 제이 굴드의
금 투기 작전 때문.

제이슨 제이 굴드

강도 귀족 자본가의
대표 주자.

Meanwhile, 미국 여성들에 의해
全美 여성 참정권 협회 설립.

여성도 시민이다!!

세상의 반을
뭉개지 마라!

오ㅋ. 드림.

쿨ㅋ

같은 해, 와이오밍주에서 최초로 여성 참정권 인정.

싱가폴—홍콩 전신 케이블 개통.

중국인 여러분, 싱가폴로 많이들 오시오!

멘델레예프, 주기율표 발표.

화학의 우주 포탈을 열었으니, 다들 일단 외우고 시작합시다~

으어; 이거 한자로 어떻게 번역하지;;

다윈의 사촌인 프랜시스 골턴, 우생학 주창.

우수한 서양 백인 형질은 더욱 푸시하고,

우리 사촌 형 책을 200% 완벽하게 이해하고 보니까, 인간도 우수한 형질 쪽으로 진화시키는 게 맞겠더라고.

미개한 유색인종 형질은 도태시키는 방향으로—

아니, 미친 놈아;; 그러면 우리 집안 대머리 형질은 어쩔 건데;;

뉴저지에서는
토머스 브램웰 웰치가
웰치스 포도주스 론칭.

성경에 나오는 포도주는
사실 포도주스였습니다~!

조지 테일러가
증기기관 바이브레이터 개발.

ㅇㅇ. 처음부터
그 목적으로 만들어진
제품입니다.ㅎ

톨스토이, 《전쟁과 평화》 출간.

War & Peace의 시대 이후,
언젠가는 Love & Peace의
시대가 올 거야~

강화도! 강화도로
갑시다!!

쥘 베른, 《해저 2만리》 출간.

황해 바다 수심이
얕아서 안 돼요;;

1870년

4년째 진행 중인
파라과이 전쟁.

파라과이군의
국지적 분전에도
불구하고 아르헨티나와
브라질 양 대국은
꾸역꾸역 물량으로
파라과이를 조여오고.

결국 1870년,
파라과이군은 궤멸되고,
수도 아순시온까지
연합군이
쇄도하기에 이른다.

국민 총동원령을 부르짖던
로페스 대통령도 전사하고.

1870년 3월,
전쟁이 끝나기까지
파라과이는 30여만 명의
사망자를 내, 남성 인구의
90%를 상실.

그리고 국토의 40%를 뺏기고,
6년간 점령 통치 당한다….

새 시대의
첨단 경영 기법이란
바로 정경유착을
뜻합니다!

일본에서는
이와사키 야타로가
미쓰비시 그룹 창건.

텐진에서는 반기독교 폭도들이
망해루 교회 근방으로 모여들기 시작하고…

꾸물 꾸물

으어;; 영사관에
지원 요청을 해야;;;

유럽에서는 독일의 레오폴트 후작이
스페인 왕을 하네 마네 하다가~

띱! 띱!!

어딜 감히 독일 놈들이
프랑스 나와바리인
스페인 왕위를 노리느냐!!

프랑스의 강력한 반발로
레오폴트 후작은
스페인 왕위 포기 선언.

어휴, 스페인 왕
안 해요, 안 해.
파에야도 별로
안 좋아하고.

하지만, 이에 만족치 못한 프랑스 정부는 주프로이센 대사를
휴양지의 프로이센 국왕에게 보내 스페인 왕위에 대한
독일의 확실한 불간섭 보장 약속을 받아내려고 하였으니…

폐하~ 폐하~
잠깐 좀 뵙죠~

뭐여;;

빌헬름 1세

1870, To be continued…

굽씨의 오만잡상

1860년대, 인류 문명의 진보를 견인하는 여러 인상적인 성과들이 있었습니다. 그리 미래를 밝히는 성과뿐 아니라 과거를 밝히는 성과도 적지 않았으니, 새겨둘 만한 고고학적 발견들이 있었습니다.

1861년 오스만제국의 쿠르디스탄에서 영국인 고고학자 존 조지 테일러에 의해 쿠르크 석비가 발견됩니다. 그 두 개의 석비는 기원전 9세기 고대 아시리아제국의 왕 아슈르나시르팔 2세와 살만에셀 3세의 업적을 기리는 석비였습니다. 이 살만에셀 3세 석비의 카르카르 전투 서술에는 이스라엘의 아합왕이 언급된 구절이 있었습니다. 이는 구약성경에 기록된, 이스라엘의 아합왕이 아시리아에 맞선 전투와 같은 전투를 묘사한 것이었습니다(승패는 달리 기록되어 있지만). 구약성경에 서술된 사건을 교차 검증할 수 있는 최초의 고고학적 유물이었기에 서구 기독교 사회에서는 이 발견을 크게 반겼습니다.

1869년에는 선교사이자 고고학자인 프레더릭 클라인이 요르단에서 메사 석비를 찾아냅니다. 지역 주민들과의 흥정에 실패해 석비가 박살나긴 했지만, 프랑스 영사관의 클레르몽 가노가 그 부서진 조각들을 긁어모아 루브르로 가져오는 데 성공했습니다. 구약성경 열왕기 하에 나오는 모압왕 메사가 이스라엘에 대한 전쟁 승리를 기념해 만든 그 석비는 야훼와 다윗의 왕가에 대해 언급한 최초의 고고학적 유물이었기에, 이 또한 기독교계의 비상한 관심을 집중시켰습니다.

이는 19세기 중반 영미의 기독교 부흥 운동과 맞물려 성경의 내용을 고고학적으로 입증하고자 하는 성서 고고학의 기세를 크게 고취했습니다. 기독교는 이런 식으로 인간 지성의 발전과 합작을 꾀합니다. 서구 문명의 발전에 따라 점차 입지가 좁아져가던 기독교는, 이제 그 서구 문명의 성과에 기독교적 근본을 들먹이며 서구 우월주의를 새로운 토양으로 삼게 된 것입니다.

그 밖에 1863년 그리스 사모트라키섬에서 발굴된 승리의 여신상 사모트라키의 니케가 루브르로 실려 왔습니다. 같은 해 이탈리아에서는 가장 유명한 로마 황제 입상인 프리마 포르타의 아우구스투스가 발굴되었습니다. 1866년 수에즈운하 공사장에서는 공사 책임자 드 레셉스의 아들이 다리우스 대왕의 수에즈 비문을 발견했습니다. 매우 적절하게도 페르시아제국 시절 나일강과 홍해를 잇는 고대 수에즈운하의 준공을 기념하는 비문이었지요.

제 6 장

Dieu et
L'Empereur

1868년, 증국번은 양강총독에서
직예총독으로 전근을 명받는다.

총독 of 총독인 수도권 총독!
경기도지사! 한족 선비가
드디어 이 허들을 넘습니다!

그리고 양강총독에는
마신이가 승진 임명된다.

선생님을 직예총독으로 높여주면서 동시에
조정의 끄나풀인 마신이를 회상(초)군의
근거지인 양강총독으로 꽂아넣는다는 건…
조정의 견제구인가…

이 인사에 대해 회상(초)계
라인의 우려도 없지 않았지만-

더구나 이제 이슬람 반란
진압하러 가야하는데 무슬림을
우리 나와바리 총독으로 앉히다니;

아무튼 제국의 중심을 운영하는 중책을 맡았으니 이제 열심히 부국강병 양무 개혁에 힘써야~

But 지저스 크라이스트 Crisis!!!!

빽

강력한 교안(기독교 관련 사건)이 직예총독아문을 덮친다!!

서양과의 불평등조약에 의거, 서양 선교사들은 중국에서 외교관에 준하는 특권을 누리며 그 세를 넓혀가고 있었습니다.

빛의 사자들이여~♪ 어서 가서~ 어둠을 물리치고~♬ 주의 진리 모르는 백성에게~ 복음의 빛 비춰라~♪

이에 교회의 위세에 빌붙어 그 특권을
악용하는 이들도 나타나게 된다.

이러한 기독교민들은
지방 사회의 규율을
무시할 뿐 아니라,
각종 민사 분쟁에서
서양 교회의 특권을 앞세워
이득을 취하는 경우가
종종 있어, 백성들의 분노를
사게 된다.

더군다나 서양 교회에서
사람들 장기를 적출해 온갖 의약품,
화학제품 제조에 사용한다는 괴담이
중국 전역에 널리 퍼진 지 오래.

그 와중에 텐진에서는
'聖 빈첸시오 아 바오로 사랑의 딸회'가 세운
인자당 교회 수녀원이 수십 명의 고아들을 거둬
고아원을 운영하고 있었는데.

유아 세례를 받은
이 아기들이 중국 복음화의
새싹이 될 것입니다.

1870년 여름, 전염병이 돌아
인자당 고아원의 영유아 30~40여 명이
집단 사망하는 사건 발생.

주여;;

수군 수군   수상 수상   괴담 괴담

이에
인자당 교회에 대한
텐진 사람들의
의혹 폭증.

인자당 교회에서
애들 장기 적출하느라
저리 떼로
죽었다는데요!

시체 파서
조사해보면 다
눈이 뽑혀 있을 거예요!!

실제로 영유아 납치해서
팔던 범인도 잡혔는데요!!

헐;;

백성들의 집단 민원에
텐진 지현에서는
인자당 교회에
압수수색 방침을 통보.

○○, 압수수색
들어갑니다~

이에 빡친
텐진의 프랑스 영사
퐁타니에가 6월 20일,
지현을 항의 방문.

실랑이 과정에서
영사 수행원 시몽이
중국 관헌에게
권총 발사.

이에 분노한 군중이
그 자리에서 프랑스 영사와
수행원을 때려죽인다.

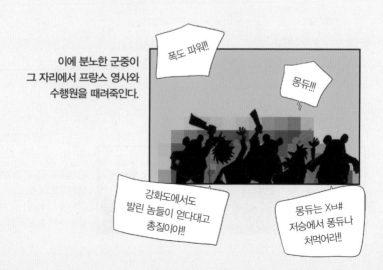

관의 통제를 벗어난 폭도들은
인자당 교회로 몰려가~

인자당 교회를 불태우고
수녀 10명을 토막 살해.

다음 날인 21일까지 계속된 폭동으로
망해루 성당 등 4개의 교회와 프랑스 영사관 등이 불타고
프랑스 신부 2명, 러시아 상인 3명 추가 피살.

곧바로 분노한 프랑스 함대를
필두로 서양 함대가 몰려오고,

주님을 대신해 텐진을
불바다로 만들고 말리라!!

ㅈㅅ, ㅈㅅ;;

관내 치안을
회복했으니 모쪼록
협상을;;;

대충
이 정도로 딜 하면
되겠습니다…

배상금 20만 냥
& 피해 건물
전체 복구—

직예총독 증국번과
프랑스 공사 로세슈아 백작이
협상하여,

외교 참모 설복성

& 폭동 주모자
16명 처형해드리고요—

삼구통상대신 숭후를
사죄사로 프랑스에 파견.

외워야 해;
pardon ju
suis de'sole'

(죄송합니다)

빠흐동~
쥬 쉬 데졸레~

빠흐동~
쥬 쉬 데졸레~

빠던~
쥬스 데워줄래~

이 협상에 대해
청 조야는 증국번에 대한
비난으로 부글부글.

아니, 프랑스 놈이
먼저 총 쏴서
이리 된 거잖아?!

굴욕 외교
책임져라!!

매국노
앞잡이!!!

…하~; 원래 프랑스 놈들의 요구는
텐진의 우리 관헌 3명 목도 치라는 거였는데
이 정도 협상이면 선방한 거라고…

더 빡센 조계지 강탈까지
각오했었는데 말이지.

그러게, 저 흉폭한 프랑스 놈들이
어째 이번에는 이리 비교적
물렁한 조치로 넘어간 거지?

. . . . .

결국 유교의 도리와 덕이
저들을 조금씩 교화시키고
있는 걸까?!

─사실은 말이죠.─

유럽에서
독일이랑 전쟁 터져서
엄한 데 신경 쓸
겨를이 없다!!!

보불전쟁 개전!!
Guerre franco-allemande

one two three four~ ♬
보불~ 보불~ ♪

1866년, 보오전쟁 승리로
북독일연방을 건국한 프로이센.

강제
오스트렉시트 行.

진정한 통일 민족국가
독일 건설이다!!

But 아직 북독일연방으로
흡수하지 못한
독일 지역이 남아 있었으니.

러시아

저 남독일 4국까지
먹지 못한다면
진정한 통일이 아니지!

헤센

뷔르템베르크
바이에른

프랑스

바덴

오스트리아

스위스

원래 오스트리아 편들던
남독일 빤질이들이지만,
잘 구슬러서
흡수해보겠습니다~

… 모두 하나 된다면
더는 상처받고 슬퍼할 일도 없어.
서로에게 이해받기 위해
괴로워하지 않아도 돼.

…거울의 방이 열린다~

남독일 여론 또한 통일 쪽으로 기울어가고.

프랑스와 바티칸의 반대가
꽤 성가셨다.

결국 독일 통일을 위해서는 최종 보스 프랑스를 무력으로 쳐부숴야만…

○○. 그것을 위한 군대입니다.

판을 함 짜볼까—

일단 전술한 스페인 왕위 계승 문제를 놓고 프랑스와 프로이센 간에 실랑이가 있었고—

스페인 왕좌 먹을 생각 꿈에도 품지 마라!!

아, 안 먹는다고 등시나.

○○ 안 함.

레오폴트 후작의 왕위 거절로 실랑이가 대충 마무리되는 듯 싶었지만.

프랑스 외무부가 뇌절하여 1870년 7월 7일, 프랑스 대사가 엠스에서 휴양 중이던 프로이센 국왕 빌헬름 1세를 방문한다.

저기요, 국왕 폐하~

윙?

駐프로이센 프랑스 대사 베네데티 백작

독일 측이 스페인 왕위를 다시는 노리지 않겠다는 확답을 주셨으면 해서—

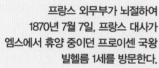

흠? 짐은 그 문제에 관여한 적도, 관여할 일도 없으니, 할 얘기 없음. 딱히 나랑 더 회견할 일은 없겠고, 우리 정부랑 얘기하든지 하소.

7월 13일에 프랑스 대사를 정중하게 돌려보낸 후,
빌헬름 1세는 베를린의 비스마르크에게
그 내용을 전보로 발송.

엠스에서 온
전보를 받은 비스마르크는―

프랑스 대사가 와서
그리 말하길래 내 이리 말했으니
정부에서 알아서
잘 처리하도록.

이 전보 내용을 바탕으로
엠스에서의 해프닝을 생동감 있게
재구성해볼까 합니다～

보도 자료를
해외 언론에 배포.

"엠스에서
뭔가 일이 터졌다?!"
뿌슝빠슝삐슝!!

철혈TV 구독과
좋아요 꾸욱～!

독일 언론이 받아들인 내용은―

스페인 왕위, 다시는
넘보지 않는다고
확답해주시죠!!

프랑스 대사가 휴양 중인
국왕 폐하 면전에 무례하게 난입!

스페인 왕위 포기를 맹세하라며 겁박!!

한편 프랑스 언론에 실린 버전에서는—

프로이센 국왕이 프랑스 대사를
대충 쫓아낸 후, 프로이센 부사관(오역)이
프랑스 대사를 문전박대!!

프랑스 조야는
혁명 기념일과 맞물려
독일 정벌론으로 불타오르고.

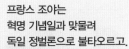

스페인 왕위는
우리 안보 문제다!!

프랑스 턱밑인 남독일까지
집어삼키려는 프로이센을
이 기회에 밟아놔야
우환이 없을 것!

프로이센과 숱 독일에서
프랑스 응징 분위기가
폭발한다.

베를린 함락의 굴욕을
씻어낼 때가 왔다!!

키는 원래 우리가
더 컸다 아이가!

민족 통일 가로막는
프랑스 제국 분쇄하자!!

설마 프로이센 놈들이
진짜로 전쟁을
원할 줄이야;;;

와이프 등쌀에 괜히
스페인 문제에 열 냈나;;

이 개전 분위기는
나폴레옹 3세의 뜻과는
달랐다는 설도.

우리 군은 아무래도
준비가 부족할 텐데;;;

황제의 머뭇거림에
정치권은 여야를 막론하고 압박.

닷새 후인 7월 19일,
나폴레옹 3세는
프로이센에 선전포고.

1870년 7월 28일,
20만 병력의
프랑스 라인 방면군이
동진을 시작하며
보불전쟁의 막이 오른다.

제 7 장

보불전쟁

전쟁 시작 전에
독일에 유리하게 세팅해놓은
동네 여론.

러시아는 크림전쟁 이래,
프랑스랑 척졌고,
폴란드 봉기 진압 때
프로이센이 러시아를 도와줌.

영국은 프랑스의 벨기에 병합
야심을 우려하고 있음.

믿음직한
이탈리아.

이중 제국 성립으로 어수선한
오스트리아-헝가리 제국.

민족주의
여론 쓰나미에 의해
결국 독일 연합군으로
함께하는 남독일 4국.

그래도
국가 총동원 병력을 보면
프랑스가 200만으로,
독일의 150만보다 수적 우위죠.

독일에서는 아직
프로이센만 제대로
군국주의 체제를
돌리기 때문인가;;

But 그 총동원 인력을 지방 여기저기서 기차로 실어오는 문제에서,
프랑스는 제대로 된 철도 동원 운용 계획을 갖추지 못해
기차들이 막히고 엉키고 밀리면서 병력 동원이 크게 지체되고.

으어;
철도 다이어그램이
Die 해버렸다;;

반면 독일은 이미 보오전쟁 때
철도 동원 계획을 실행한 이래,
계속 다이어그램을 발전시켜 나갔고.

독일인이 좋아하는 건
딱딱 맞아떨어지는
시간표지요!

톱니바퀴처럼 분 단위로 맞물린
전시 철도 운용을 통해 개전 며칠 만에
병력 동원을 완수할 수 있었다.

So 보불전쟁 全 기간,
어디서나 항상 독일군이
병력으로 프랑스군을
압도할 수 있었던 것.

독일의 신속한 대병력 동원을 몰랐던 프랑스군은
1870년 7월 말, 전쟁 시작과 함께 독일 국경으로 진격.

라인 방면군 사령관 바젠 원수

그리하여 8월 2일, 프랑스군, 자르브뤼켄 점령

하지만 곧 독일군이
국경에 32만 병력을
모아놓았다는 정황을
눈치채게 되고,

프랑스 라인 방면군은
부랴부랴 퇴각에 나서는데.

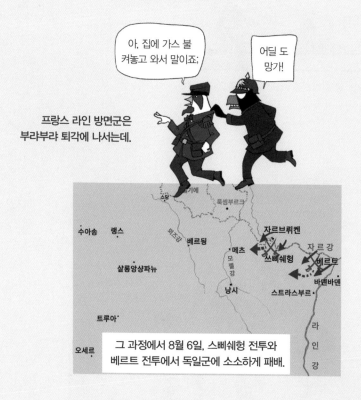

그 과정에서 8월 6일, 스삐쉐헝 전투와
베르트 전투에서 독일군에 소소하게 패배.

프랑스군은 메츠를 찍고 계속 서쪽으로 이동하려 하지만-

8월 16일,
막쓰 라 뚜흐 전투에서 프랑스군을 앞질러 달려온
프로이센 기병대에 막혀 서쪽 퇴로가 차단되고.

8월 18일, 프랑스군이 서쪽으로 가는 길을 뚫으려고 용쓴
그하블로뜨 전투에서는 신형 샤스포 소총을 든 프랑스 소총병들이
구형 드라이제 니들건을 든 프로이센 소총병들을 일방적으로 두들겨 팬다.

프랑스군 사상자 1만 2천,
독일군 사상자 2만.

크흙; 드라이제가
벌써 구형이 되다니;;
뭔 스마트폰 시장도
아니고;

사거리 2배!
명중률 2배!
장전 속도 1.5배!
이름력도 ㅅㅅ포!

But 독일군의 신형 크루프
8파운드 후장식 야포가
프랑스군을 찢어놓으면서
전투는 독일군의 승리로.

남자는 딱총보단
대포지!!

크루프는 엘리베이터
회사 아니었나?!!

메츠 요새의 성벽은
독일군 대포를 버틸 수 있지만
식량이 한 달 치밖에 없다;;

너를 죽이지 못하는 고통은
너를 더 강하게 만든다!

그렇게
서쪽으로의 탈출에 실패한
라인 방면군 15만 5천은
메츠에 고립되고,
이를 17~20만 독일군이
포위한다.

니체가 이 메츠 포위전에 참전했다.

이 소식이 파리에 닿자 전시 총리 몽토방 장군은—

> 메츠에서 한 달은 버틸 수 있다니까, 우리 군 동원이 완료되길 기다려서 물량 모아 들이치는 편이—

> 전우들이 포위되어 쫄쫄 굶는 판에 어찌 그리 시간을 끌겠는가!!! 파리 주변 병력 다 긁어모아 구원군을 편성해 당장 출격하도록!

팔리교 백작
몽토방 장군

8월 17일, 나폴레옹 3세가 이 샬롱 방면군 12만을 이끌고 친정!

실제 지휘는 마크 마옹 원수가 맡는다.

> 혹시 우리 집안 혈통에 잠재된 치트 능력이 우연히 각성할 수도…

> 북쪽으로 우회해서 적의 오른쪽 옆구리를 칠 거야. 아, 엠바고는 지키도록.

샬롱군은 적 전면을 피해 북쪽으로
살짝 우회해서 적의 옆구리를 노리며 진군한다.

몰트케는 프랑스 신문 보도를 통해
샬롱군의 진군로를 파악하고.

3군과 4군 20만 병력을 뫼즈강을 따라 배치.

뫼즈강에 도달한 프랑스군은
8월 29~31일에 걸친 뫼즈강 연안
전투들에서 계속 패하며
강을 따라 북쪽으로 몰린다.

8월 30일, 보몽 전투에서 패한 프랑스군은 더 북쪽으로 몰리며 스당으로 들어간다.

그리고 스당은 프랑스군을 완벽하게 가두는 덫이었으니.

It's a trap!!

스당에서 쇼당이시군요.

스당에서 포위된 프랑스군은 탄약도 바닥난 상태에서 9월 1일, 스당 전투를 치른다.

황제 수행원들까지 포탄에 맞아 날아갔다!

결국 9월 2일, 나폴레옹 3세는 10만 장병과 함께 항복.

명예로운 항복을 하면 집에 돌려보내주지 않나요?

어이쿠, 집에 가면 프랑스 국민들한테 맞아 죽으실 텐데요. ㅋ

황제 이하 10만여 포로가
모두 독일로 이송되고.

보불전쟁의 승패는
한 달 만에 샤샤샥
판가름 났구만.

이제 포위된 메츠의
프랑스군도 곧 항복할 거고.
땅이랑 배상금 뜯고
전쟁 끝내볼까나~

But 황제의 항복 소식이 파리에 닿자
곧바로 정변이 일어나 9월 4일, 황제 폐위가 결정되고
국민 방위 정부가 새로 수립된다.

프랑스는
단 1센티도 작아질
수 없다!!

필리교 백작은
추방

국민 방위 정부 수반
루이 쥘 트로쉬 장군

하; 프랑스 놈들;
깔끔하질 못하네;;

국민 방위 정부의 영토 할양 불가, 전쟁 지속 방침에
독일군은 파리로 진격. 9월 19일부터 파리 포위가 시작된다.

콩피에뉴   수아송   보롱   룩셈
랭스   베르됭   그하블로뜨
                막쓰 라 뚜흐
파리,   샬롱앙샹파뉴   모젤강
베르사유

강화도라는
보물섬 지도 줄 테니
그냥 가주지 않을래?

약 팔지 마라.

10월 7일,
내무부 장관 레옹 강베타가
기구를 타고 파리를 빠져나와
보르도에 근거지를 잡고
지방군을 규합한다.

너희 의로운 국민들은
달려오고 달려오라!!

Vive L'empereur!!

이에 약 40만 지방군이
각지에서 파리를 향해 진군.

아니; 황제
짜졌다는데;

하지만 10월 27일,
메츠의 라인 방면군이 항복하면서
그 포위에 동원되었던 독일군이
움직일 수 있게 됨에 따라―

진짜, 군마도 다 잡아먹고
군화도 다 삶아 먹고
치약까지 다 짜 먹었다;;

오를레앙을 수복했던 남부군은
12월에 패퇴하고 1월 10일,
르망 전투에서 와해된다.

윙?

남부군의 결말은
영화 〈남부군〉의 결말과
같을 것이다!

동부군은 독일군에 쫓기다가
스위스 국경 너머로 도주.
스위스군에 무장해제 당한다.

난민 신청
가능할까요?

주인님의 피와 살이 되어
함께 살아갈 거예요.

크흡 ㅠㅠ

포위된 파리에서는 식량 고갈로,
결국 개와 쥐, 동물원의
코끼리까지 모두 잡아먹게 되고.

마침 파리에 유학 와 있던
히로시마 번사 와타리 마사모토는
이 파리 포위전을 처음부터 끝까지
다 겪게 된다.

그 와중에 비스마르크는
독일제국 선포를 추진.

아오; 나폴레옹 3세를 개그맨이라고 비웃었는데, 이제 내가 개그맨이네;; 이 무슨 근본 없는 중2병 제국 드립이냐;;

빌헬름 1세는 이 독일제국에 대해 탐탁찮아 했지만

1871년 1월 18일, 베르사유에서 독일제국 선포.
독일 왕공제후들이 빌헤름 1세를 독일 황제로 추대.

전쟁의 포연 속에서 새로운 유럽 최강대국이 요란하게 데뷔하는 광경에 세계가 전율한다.

어;; 이거 혹시 여우 잡으려다 호랑이 불러들인 건가;;

열흘 후인 1월 28일,
베르사유에서 휴전협정 조인.
(사실상 프랑스의 항복.)

거 괜히 개기다가 코끼리나 잡아먹고, 뭐요, 그게. ㅉㅉ

외무장관 파브르

흑흑 ㅠㅠ 코끼리 맛있었다. ㅠㅠ

프랑스는 독일에 알자스로렌을 할양할 것과
배상금 20억 프랑 지불을 요구받는다.
그리고 프랑스가 배상금 지불할 때까지 독일군이 동북부 요새들을 점거.

알자스로렌 대신에
아시아나 아프리카
식민지 드리면
안 될까요?

아, 난 식민지
취미 없음요. 차라리
화학이 더 이득이죠.

이 강화 조건들은 5월에
프랑크푸르트 조약으로
정식 진행된다.

3월 1일, 독일군은
파리에서 개선문
통과 퍼레이드를 벌이고
3월 3일 철수.

기분 나쁘지만
옛날 나폴레옹의 베를린
땅 밟기의 업보인 게지.

이 카르마는
계속 돌고 돌 것이다.

독일군이 철수한 후,
좀더 정감 있는
동양인들이
파리를 찾아온다.

봉주르~

원, 전쟁 난리에
욕 많이들
보셨네요~

으의?

그쪽은 무슨 일로 파리에?

아, 우리는 일본 정부의 군사 시찰단으로, 전쟁 구경도 하고, 군사도 배우러 왔습니다만, 그쪽은?

우리는 텐진 교안 껀으로 프랑스 황제에게 사과문 바치러 온 사절단이지요.

아; 프랑스 황제 짤렸다는데요;;

프랑스 황제가 쫓겨났으니 사과문 문구를 바꿔야 해;;

프랑스 황제의 몰락은 원명원 약탈의 업보일 것.

어; 폐하를 전부 각하로…

1871년 3월, 삼구통상대신 숭후는 텐진 교안 사과문을 티에르 대통령에게 전달.

폐하~ 아니 각하, 전쟁으로 얼마나 심려가 크셨습니까~

폐제가 덕이 없어 먼 나라에까지 부끄러움을 끼치는군요.

파리 포위 기간에 쓴 일지입니다.

…혹시 고양이 고기 먹었나요?

사쓰마 번사 오야마 이와오

와타리 마사모토는 〈파리농성일지〉를 군사 시찰단에 제출, 훗날 책으로 출간.

이제 군사적으로 프랑스의 시대는 갔고 앞으로는 독일을 배워야겠군요!

그리고 이와 함께 공경 귀족 사이온지 긴모치도 파리 유학을 시작.

인문학 쪽을 좀 공부해보려고 말이죠.

아아, 문과라면 역시 파리죠!

사이온지 긴모치(21세)

몽블랑 백작
사쓰마의 파리 엑스포 참가 주도, 주불 일본 공사 역할 수행.

전쟁도 끝났겠다, 이제 파리 맛집, 카페 싹 다 마스터한 파리지앵으로 만들어드리죠!

어;; 전쟁 끝난 거 맞죠?

제 8 장

북양을 향하여

1870년 중반, 직예총독 증국번이 톈진 교안을
주모자 처형과 배상금 지급, 사죄 사절 파견으로
수습하였으매~

베이징 조야에서는
증국번에 대한 비난 여론이 폭발.

아니, 뭔 시시비비도
제대로 안 가리고
바로 깨갱이여?!

굴욕 외교
책임자 처단!

매국노는
사퇴하라!!

증국번의 정치 생명이 끊기고
실각해 묻힐 정도로 여론이 조성되었으니.

방긋~ㅎ

조정은 선생님을 높은 자리로 모시는 척하면서 결국 이리 껀수 잡아서 매장하려는 속셈이었군요!

증 영감은 이렇게 보내버리고! 양강에는 마신이 꽃아서 상계 영향권에서 이탈시키고!

내 비록 증 영감을 친삭했다지만 애초에 상·초군은 같은 호남 자제들. 호남의 상·초 형제들을 이끄는 나님이 어찌 가만있을 수 있겠는가!

이슬람 반란 정벌군의 총구를 베이징으로 돌려서─

워~ 워~

천하 대란을 그리 쉽게 내뱉지 좀 마시고요;;

이 껀에 대해서는 정치적 어필을 모색해보죠.

뭔가 작지만 날카롭고 묵직한 한 방이 필요하겠습니다…

저쪽에서 반드시 알아먹을 확실한 메시지로….

난징

아, 예. 알겠습니다. 그리 적당한 친구가 있습죠.

자네 처지가 이 지경인 건 마신이가 형제들을 배신한 탓이지~

자네 마누라가 자살한 것도 마신이의 흉계 때문이고~

마…

장문상(옛 태평천국 장병, 해적, 칼잡이)

1870년 8월 22일, 양강총독아문 연병장.

아침부터 후텁지근하구먼.

양강총독 마신이

장문상의 칼에 찔려
치명상을 입은 마신이는
다음 날 사망.

마신이 암살 소식에
베이징은 발칵 뒤집히고.

으어어;;
총독을 이렇게 심플하게
죽여버린다고?!

상군 패밀리
함 휘저어보려다가
한 방 먹으셨군요. ㅋ

대낮에 병사들 늘어선
장소에서 마신이를 죽인 건,
'양강은 우리 나와바리다'라는
분명한 메시지 아닐까요;;

증국번에 대한
여론 재판 매장 시도도
거두라는 거겠죠;;

크읏;

이연영
(환관 미용사, 안덕해 MK. 2)

영록(서태후의 심복)

여기선 한발 물러서서
저들의 불만을
접수해줘야겠습니다.

…증국번을
들라 하라~!

증국번은 양강총독으로 내려가 마신이 피살 사건을 수습토록 하라! (중앙 정계 여론 재판에서 빼내서 너네 나와바리로 돌려보내준다.)

…성은이 망극하옵니다~

제 후임 직예총독으로는 이홍장을 천거드리옵니다.

…‥

근데, 내려가기 전에 청 드릴 내용이 있사오니~

& 곧 북양대신도 겸직!! ㅎㅎ

그리하여 1870년 말, 이홍장(47세), 직예총독 취임!

…‥

한편 좌종당은 이슬람 반군 토벌하러 머나먼 서쪽 사막으로.

직 예

북양대신 이홍장 BEGINS.

뒷일은 알아서들 잘하겠지.

양강으로 내려간 증국번은 1년 반 후인 1872년 3월 세상을 뜬다(향년 61세).

소신은 그저 외조의 자질구레한 바깥일을 처리하는 잡역부일 뿐,

내조에서 천하의 중심을 잡고 계신 태후마마께 충성을 다하고자 할 뿐이옵니다~

흠~

뭐, 이 총독은 됨됨이가 꽤 바른 사람 같아요~ ㅎ

태평천국 은닉 보물 발굴은 헛소문이 아니었나보네요~ ㅎ

이홍장은 물심양면으로 조정과 좋은 관계를 구축해나가고.

**공경 귀족
야나기와라 사키미쓰(20세)**　　　**외무권소승
하나부사 요시모토(29세)**

큰 흐름에서는 오쿠보의
행정 중심 관료제 방안과

기도의 세무 재정 중심 유력 인사
협의체 방안이 갈등을 빚는다.

사이고는 귀찮다고 낙향.

일단은 기도의 주장대로
민부성과 대장성을 합친
슈퍼 대장성이 발족하여
정국을 리드한다.

조세 정책과 국가 재정,
거시 경제 전반을 총지휘하는
컨트롤타워인 대장성이다!!

초대 대장경에는
마쓰다이라 슌가쿠.

대장소보 이토 히로부미

대장대보 오쿠마 시게노부

앞으로 일본은
대장성이 캐리한다!!

뭐, 물론 경제가 중요하긴 한데,
정말로 나라를 다스리는
물리적 권력도
중요시해야지요.

오쿠보는 내무성 창설을
추진하며, 또 다른
급진 개혁을 준비한다.

그런 혼란 속에서도
서구 문물 도입 사업은
계속 추진되고,

전신, 철도, 항만 정비 등을
시작하려니 돈을 물 쓰듯
퍼부어야 하더라고요.

이를 위해 오리엔탈 은행에서
거액의 차관을 들여오기도.

그리 돈 딸리는 일본 정부가 만만하게
돈을 뜯어낼 대상은 결국 백성들.

So, 메이지 초년기에는 전국 곳곳에서 온갖 민란이 막부 시절보다
더 극렬하게 터져나온다(1869년이 흉년이라 더더욱).

그런 재정 위기 속에서 빚더미에 앉은 번 정부들은 재정 감축에 나섰고,

1869년 말~1870년 초.
기병대 해직 병사들의 군란- 기병대 탈대 소동 발발.

1870년 2월, 기도가 직접 진압군을 이끌고 무자비하게 쓸어버린다.

그 밖에 서양에 대한 신정부의
굴종적 자세에도 불만 팽배.

굽신 굽신~

우리 양이 지사들이
양이 하겠다고
혁명한 거 아니었나?!!

이건 뭐,
메이지유신이 아니라
메이지 굽신이냐!?!

이 골수 양이 지사들에 의한 암살 테러도 계속되고.

1871년에는 양이파 공경 귀족인
오타기 미치테루와 도야마 미쓰스케에 의한
양이 쿠데타 음모- 2경 사건 발발.

도쿄에 불 지르고 천황을
교토로 모셔간 다음
양이 전쟁을 선포한다!

다행히 모의 단계에서
검거함; 경찰 창설이
시급하다;

정부 내 對러시아
개전 드립 떠들석.

다행히
영국 공사에 의해 진압.

다른 대외 이슈라면,
조선에 국서 접수를 위해
외무성 직원들을 보냈는데ㅡ

1870년에 이미
1차 정한론으로 떠들썩.

對청 수교!
일본인의 마음속 수평선 너머에 2천 년간 어른거려왔던 대륙— 중국!

중국과의 대등한 수교는 쇼토쿠 태자 이래의
大업적으로 호사가들의 마음을 크게 울릴 것입니다!
물론 실질적인 필요성 자체가 더욱 크지요.

So, 선발대에 이어 1871년 5월,
우와지마 前 번주 다테 무네나리가
전권대신에 임명되어
중국으로 향한다.

제 9 장

함께 또 따로

청일구호 군약

15세기, 무로마치 막부 시절 일본은 명나라와
정식 외교 관계를 맺고 감합무역을 진행했다.

이후, 전국 난세와 이런저런 사정으로
외교 관계가 끊기고, 무역도 끊긴다.

청나라와 에도막부 간에 정식 외교 관계는 없었지만,
청은 닝보의 상인들이 바다를 건너가 장사할 수 있도록 허가해주었고.

막부는 이 중국 상인들을 나가사키에서 받아들인다.

중국 상인들은 나가사키에 거류하며 차이나타운을 형성.

중국어와 일본어에 능한 '당통사'들이 이 차이나타운을 대표하며 관리한다.

뿌 일본인 뿌 중국인이라 할 수 있죠.

실상, 에도시대 일본의 최대 무역 상대국은 청나라였던 것.

그리 별 탈 없이 작동해온 교역 시스템인데 이제 와서 굳이 수교를?

이제 정부끼리도 말 좀 트고 살자고요.

1871년 5월, 수교 협상 전권대신 다테 무네나리, 상하이를 거쳐 텐진으로.

아니, 일본 놈들, 뭐 이제 와서 친구 요청?

더구나 조공 바치러 온 것도 아니고 서양 놈들 흉내내서 수교 조약을 맺자니;;

안휘순무 영한

조정에서는 일본과의 수교 반대 여론 우세.

같은 한자 문화권이며, 한때 중국에 조공하기도 했던 일본과 대등하게 수교하면 중화질서의 결정적 봉괴를 야기할 것입니다!

중국이 천하의 중심에서 주변 속방들에게
도의와 질서를 베풀어온 2천 년 중화질서!

비록 서양 놈들이 자기네 국제질서를 들고와서
중국을 비롯한 중화질서 회원국들에게 서양식 수교를 강제하는
오늘날이긴 하지만―

만국 평등!
세련된 조약
맺읍시다!

조공·책봉이라니
미개하다~

EU 가입국들이 EU 바깥의 여러 나라들과 제각각
수교하더라도 EU에의 소속감을 국본에 놓듯,

중화질서 회원국들은 양놈들과 어떤 조약을 맺건,
중화질서를 국본에 놓아야 할 것입니다.

So, 청조의 외교 부서는
전통 중화질서 회원국들을 상대하는 예부와,
서양 국제질서로 양놈들을 상대하는 총리아문으로
이분화되어 있습니다.

이쪽은
인의와 예로
교류하며

이쪽은
싸가지를 겨루며
교류한다.

이 구도에서 일본은 지리적으로나,
문화적으로나, 역사적으로나,
중화질서에 가입해야 마땅할 것인데!

일본이 저리 대놓고
서양식 국제질서를 추종하며,
중국을 중화질서의 천자국이
아닌 그저 백국 중 일국으로
취급하는 걸 인정한다면─

속방들이 중화질서를 탈퇴하고
모두 저쪽 줄로 넘어가버린다면,
그렇게 2천 년 중화질서 패러다임이
붕괴해버린다면.

거, 중화질서도 결국 강요할 힘이나
제공할 꿀이 있을 때나 중화질서지.

이미 서양에 힘으로 밀린 지금
누가 기꺼이 고개를 숙이겠습니까.

일본이 중화질서 대신
서양식 국제질서를 택하겠다는 건
결국 그들 자신의 선택일 뿐이죠.

....

나님은 서양 스타일이
잘 받는 거 같아요.

서양식 국제질서의 감각으로 생각해봅시다.
일본과의 수교는 근방에
같은 문화권의 친구를 만드는 일이고,

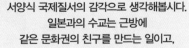

어휴, 바로 옆에 살면서
이제야 말을 트네요~

일본과의 수교 거부는
근방에 난폭한 서양 앞잡이를
적으로 두는 일입니다.

내 친구 신청을
거절하다니!
이 모욕감은 언젠가
따블로 되돌려주겠다!

워; 가불기네;

So,
중국은 일본과의 수교를
받아들이기로 결정.

제가 전권대신으로 직접
협상에 임하게 되었습니다.

아, 일본에서는 각하께서
현대의 제갈량이라고
명성이 자자합니다.

원, 동양인끼리는
삼국지 얘기도 할 수
있어서 좋군요.

ㅇㅇ, 양놈들은
꽉해야 아는 게
원나블헌이죠.

각설하고,
저희 측에서 요청드리는 건
대충 이리 간단한 것들이오니~
샤사샥 합의하고 넘어가주시기를~

내륙 통상
허가
최혜국 대우
영사 재판권

......

일본은 청나라와의 수교에서 서양과
같은 클라스에 서서 청나라를 내려다보며
불평등조약 맺을 생각 만땅이었다.

ㅎㅎ, 그냥 뭐
남들 대하듯
똑같이 대해주시면
됩니다~

원, 다테 가문 조상님이 전국시대에 아주 꿀잼러셨다더니만, 그 후손 분도 아주 재미있으시구만요~

중국은 이 '불평등' 요소들 때문에 불평등조약 개정을 위한 벌링게임 사절단도 파견하며 난리 치고 있습니다만.

중국이 양놈들한테 좀 털렸다고 개호구로 보이시나,

으아…

그동안 불평등조약 당해서 꼬왔던 거 그쪽에 다 풀어버릴랑게.

최혜국 대우 원하심? 그럼 당연히 쌍방 동일하게 최혜국 대우해야지!

…걍 안 할랍니다.

최혜국 대우 불발

상호 협정 관세

영사재판권도 상호 동일하게 인정!

상호 영사재판권(제한적)   민사는 양측 합의 재판으로.

이처럼 서양과의 불평등조약에서 꼬왔던 점을 청일 양측이
서로 상대에게 적용하여 결과적으로 청일수호조규는
동양 국가 간 최초의 근대적 평등조약이 된 것이다.

그리하여 1871년 9월 13일,
텐진에서 양측 전권대신 간
청일수호조규 서명.

서양식 국제법에 기반한
근대 조약이지만,
조약문은 영어도 불어도 아닌
한문으로 작성했지요. ㅎ

淸日修好条規

(BUT 비준은 2년 후에나)

이 과정에서 일본 서예가의
글씨가 중국인들에게
명필이라고 칭찬받았다.

그 밖에 눈여겨볼 부분은−

#개항장에서의
도검_소지_금지

조정 노인네들이
왜구의 발호를
걱정해서 말이죠….

· · · · ·

조약문 2조에서는−
#상부상조하는_양국_우호_다짐

다른 나라에
안 좋은 일 당하거나 하면
서로 돕고 위로합시다.

이에 그 '다른 나라(서양)'들이 제 발 저렸다.

뭐예! 서양에 맞서는 동양 놈 동맹인가?!!

음, 그간 서양에 계속 괴롭힘당하던 동양 놈들이 드디어 뭉쳐서 맞서려는 건가;;

이것이 바로 문명의 충돌;; ㄷㄷㄷ

이처럼 서양에서는 청일수호조규를 청일 동맹으로 의심하는 시각이 있었으니.

일본에서 영·불·미 공사들이 청일수호조규에 대한 해명을 요구.

저거 對서양 동양 동맹 맺은 거 아뇨?!

심히 우려스럽군요!

아휴; 저 미개 지나와 우리가 손잡을 리가 있습니까;; 오해입니다, 오해;;

일본 외무성의 적극적인 해명으로 무마.

저 조항은 청이 우겨서 넣은 것이지, 일본의 의사가 절대 아닙니다;; 서로 돕는다는 건 강 기프티콘이나 보내주고 상담이나 해주겠다는 거죠;

쿵;

일본이 청을 얼마나 혐오하는지 모르시나보네들;;

하지만 서양에 맞선
동양 연합 드립은 이후로도
맥을 이어가게 되니.

현실의 벽에 부딪친 양이 이념은
이윽고 對서양 동양 연합이라는
더 높은 클라스로 진화하게
되는 것이다!!

그럴듯한데?

아시아주의

어; 음;;;;

#황제_&_천황

그리고, 조약문에 大淸
황제 폐하와 우리 천황 폐하를
언급하면 어떨까요~

위엄 쩔지 않겠습니까~ ㅎ

······

우리
국내 위신 좀
챙기려고요~

일본 측은 조약문에
청 황제와 일본 천황이라는
단어를 넣으려고 노력했으니,

이는 조선과의
서계 문제를 단번에
파해 가능한 돌파구!

야! 청나라에서도 우리 '천황'
용어 인정했는데, 네가 뭐라고
이걸 계속 거부하나?!

헉;;

느그 임금이
청 황제보다
높은가보다?

184

외조의 신하들이 어찌 황상의 직함을 함부로 지면에 언급할 수 있겠소;

하지만 청나라에서 '황제', '천황' 명기를 거부.

. . . . .

음; 청나라 놈들이 조선을 염두에 두고 '皇' 표기를 거부한 걸까.

그건 모르겠지만, 이 1조는 확실히 조선을 염두에 둔 것 같아.

#상호간_방토_침범_금지

영토라고 안 쓰고 굳이 '방토(邦土)'라고 쓴 건 속방과 영토를 함께 의미하려고 그런 게지.

여기서 일본에게 어필하려는 속방은 분명 조선일 거고.

얘는 우리 속방이니 침범 ㄴㄴ.

쿵;

근데 그 속방이라는 게 그냥 허깨비 설정 놀음이라는 거 병인양요 때 명명백백해지지 않았나?

속방에 천주교 문제 해결하라는 압력도 못 넣는단 말이오?!

속방이 침공당하는데 침공군에게 물자를 팔고 항구를 제공하는 상국이 있다?!?

여러분, 중화질서는 형이상학적 인의의 개념이에요~ 마음으로 깨달으셔야…

병인양요뿐 아니라 이번 미군 침공 때도—

음?! 미군 침공?!

아, 텐진에서 청일수호조규 맺는 동안 미군이 강화도에 쳐들어갔다 옴.

그것이 바로—

신미양요

U.S. expedition to Korea

조선 쳐들어갔다 온 썰 푼다.

1866년, 제너럴셔먼호가 실종된 이래,

Finding General Sherman

미국은 제너럴셔먼호의
행방에 대한 조사를 이어나간다.

흠, 셔먼호를 조선
서해안까지
안내했단 말이죠.

상하이에서 중국인들과
조선인 천주교 신자들 인터뷰.

아, 글쎄.
조선에서는 대원군이
서양 배는 무조건 다
태워버린다니까요;

미국은 직접 조선으로 배를 보내
제너럴셔먼호의 행방을 알아보기도.

1867년 와추셋호.

1868년 셰넌도어호.

조사 내용 취합 결과,
대충 어떻게 된 일인지
그림이 짜맞춰진다.

1866년 8월!
평화롭게 교역을 제안하던 셔먼호는
조선의 비밀 무기에 습격당해 순식간에
불타 녹아버린 것이다!!

이에 1870년 말,
그랜트 대통령은
조선에 조치를
취할 것을 천명.

미국 선박들이 조선에서
안전을 보장받을 수 있는
협정을 추진하겠습니다.

아시아 함대를
보내서 말이죠.

피시 국무장관

이를 계기로 조선을 개항시킬 수 있다면
미국의 아시아 경영에
큰 발자국이 될 것이며,

Sea of
Corea

실질적으로도
동해에서 조업 중인 수많은
포경선에 안전한 기항지를
제공하는 효과가 있겠지요.

일단 나가사키에 아시아 함대 전력을 다 모아놓도록 합시다.

주중 미국 공사
프레더릭 F. 로가
원정을 총괄.

프레더릭 F. 로　　**아시아 함대 사령관 존 로저스**

자, 보불전쟁 패전의 울분도 풀 겸, 프랑스도 함께 출병하지 않으시렵니까?

조선에 대해서는 프랑스 님들이 쌓인 게 많으실 텐데.

아니, 뭐, 우린 병인양요 때 강화도 턴 걸로 조선에 대한 응징은 충분히 다 했습니다.

이 강화도 지도나 가져가세요.

조난 선박 구조, 안전 보장과 앞으로 사이 좋게 지내자는 협정을 위해 곧 찾아뵙겠습니다.

우리 배 한 척이 거기서 불타 없어졌다던데, 그거 공동 조사도 좀 요청드립니다.

미국은 청을 통해
내한을 예고.

-라는 데요?

하;;

조선은 원래 조난 선박, 선원은 잘 구조하고 먹여서 안전하게 돌려보내는 게 전통이라 별도의 협정은 필요 없소이다.

그리고 느그 셔먼호는 우리 강 거슬러 올라와 해적질하다가 토벌당한 거니까 더 거론할 필요 없음.

이에 예문관에 자리해 있던 박규수가 직접 답장.

욕도 좀 써줘요.

미국의 내습 임박 정황에 조선은 다시 군비를 정비하고 강화도 방비를 강화.

프랑스 놈들은 맛난 거 많이 갖고 왔었는데.

미국 놈들은 '깁미 쪼콜렛'이라 하면 뭐 준다더라.

미국 놈들은 대체 뭐하는 양놈들이랍니까?

미국은 영국에서 갈라져나온 별종으로 개척지의 작은 부락들이 연합해 추장을 뽑는 나라라 하옵니다. 주로 바다를 오가며 해적질하는 놈들이옵죠.

영의정 김병학

우와;; 무식 쩐다;;

미국을 엄청 강성한 나라로 빨아주는
서양 소개서인 《영환지략》이
이미 나라에 들어와
식자층에 읽힌 지 오래인데;;

영상 대감이
요즘 얼마나
책 안 읽고
공부 안 하는지
알 일이다.

영상 대감은 저리 무식 돋아도
권력 중심부인 운현궁에는 서양통인
박규수, 오경석이 수시로 들락거리니
그 정도로 무식한 상태는 아닐 것.

뭐, 대원위 대감께
이런저런 정보 말씀을
올리곤 하지만~

합하께서는 어찌나
꽉 막히셨는지;;

예문관 제학 박규수   오경석

아, 우리가
유럽 최강이라는
프랑스 놈들도
물리쳤잖아!!

미국 놈들은 영국에서
갈라져나온 근본 없는
잡것들이라며!

그러면 이번 판도
우리가 이긴다!!

대원위 대감도,
안동 김씨도,
풍양 조씨도,
모두가 강경 선명성
경쟁을 벌이는지라,
뭔 교섭하고 어쩌고 할
눈곱만큼의 빌미도 없다.

191 제9장_함께 또 따로

1871년 4월 29일, 이필제의 난 발발.

제 1 0 장

역적 후 양귀

1869년 5월, 전라도 광양에서는 민회행이 무리 70여 명으로
난을 일으켜 광양읍성을 점거했다가 곧 진압당했다.

이는 다른
반란 지망생들에게
적잖은 자극이 되었으니.

아, 내가 발로 난을 일으켜도
저거보다는 더 잘할 건데.

무과 출신 선달 이필제(1825년생)

무과 패스 후 빈둥거리던 이필제는
일찍이 경상도 풍기에서
허선이라는 신비로운 의원을 만나
가르침을 얻었다.

타임 슬립에 대해
들어보았는가.

what?!

됐고, 자네가 이 나라의
불운한 역사를
바꿔야 한다네!!

이후 이필제는 반란을 꿈꾸며
그 길을 모색해왔다.

1863년, 이필제는
조직의 힘을 빌리기 위해 동학에 입교.

온갖 말로 사람들을 미혹하며
추종자를 늘려간다.

당대의 시대정신인 《정감록》도 당연히 활용.

남해 지역 반란 지망생
정만식

그렇게 동지들을 규합.
1869년에는 진천에서
1870년에는 진주에서
거사를 도모하지만.

준비 부족과 인원 탈주, 관의 검속으로
두 번 다 불발로 끝난다.

1871년, 이필제는 동학 교주 최시형과 면담한다.

이제 힘으로 세상을 바꿔야 할 때입니다!

동학 교주 최시형

크흙; 우리 동학 교조(최제우)님이 나라에 의해 그리 억울한 죽임을 당하셨는데 어찌 복수할 뜻을 펴지 않을 수 있겠습니까?!

교조님께서 처형당한 3월 10일(음력)! 총칼로 관을 몰아쳐 복수를 이루고 동학의 위세를 천하에 떨칩시다!!

· · · · ·

흐음…

이 인간이 겉으로는 교조님의 복수를 내세우지만, 이때까지 펼쳐온 말이 모두 허무맹랑하기 그지없다.

뭐, 청나라와 일본을 쳐서
천자국을 만든다느니

자기가 단군의 환생이라질 않나

《정감록》은 당연하게
베이스로 깔고 들어가고,

대원군의 서원 철폐에 반발하는 유림을 포섭하기 위해
서원 복원까지 내세우고 있다.

그리하여 동학의 지원을 받은 이필제는
무리 500명을 이끌고 봉기.

1871년 4월 29일,
경상도 영해부성을 급습,
점령하는 데 성공한다.

이 과정에서 영해부사 이정 피살.

그리고 관고를 열어 백성들에게 쌀과 돈을 뿌림.

영해부성을 점거했지만, 반란군 무리는 이후의 방향을 정하지 못하고.

… 이제 우리 애들 다 빼도록.

옙!

주변 지역 관군의 규합 움직임이 보이자
무리는 산으로 도망쳐 와해된다.

이 시국에 뭔 놈의
역적 짓거리여?!

일단 흩어져서
도망가쟈;;

다른 동네의 동조 봉기는
일어나지 않는 건가;;

몇 달 후, 문경에서 다시 난을 꾸미던 이필제는

문경새재를 점거하고
험준한 지형에 의지해
세를 지탱한다면-

9월, 관의 검속에 걸려 검거된다.

역적 모의 신고가 들어와서
잠시 검문이 있겠습니다.

그리하여 일가족 및
일당 40여 명과 함께
이필제 처형.

최시형은
교단 수뇌부와 함께 잠적.

저딴 역적 소꿉놀이
신경 쓸 때가 아니지.

미국 놈들 쳐들어온다던 건
어찌 되고 있는지요?

글쎄요. 미국 놈들 함대가
중국이 아닌 일본에서 움직인다는지라
그 동향을 중국에서 엿보기가
쉽지 않습니다.

1871년 5월, 주청 미국 공사 로는
나가사키로 건너가 조선 원정 계획을 발동.

함대의 준비는 완벽하겠죠?
프랑스인들의 실수를
반복할 수는 없습니다.

현재 여건상 갖출 수 있는 건
다 꼼꼼하게 챙겼습니다만–

남북전쟁 이후의
대대적인 군비 축소로
현재 우리 군 전력의 질을
담보하기 힘들다는 건
알고 계시기 바랍니다.

이제 국토 재건을 위해
총과 대포를 녹여
호미와 쟁기를
만들어야 할 시대.

아니; 저기;
국가안보가;;

국가안보가 왜?
영국이나 멕시코가
쳐들어오기라도 한대?

그건 아니지만;;

때문에 함대가 싣고 가는 대포들은
대다수가 남북전쟁 때 쓰던
구식 전장포들이고 −

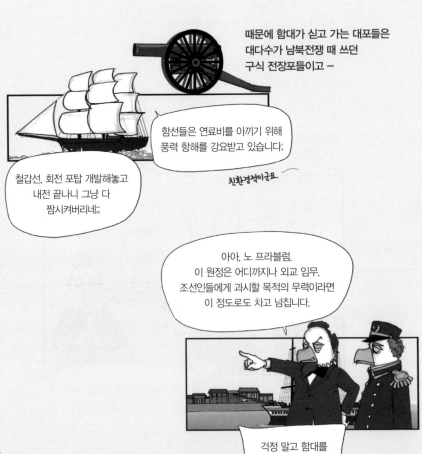

함선들은 연료비를 아끼기 위해
풍력 항해를 강요받고 있습니다;

친환경적이군요.

철갑선, 회전 포탑 개발해놓고
내전 끝나니 그냥 다
짬시켜버리네;;

아아, 노 프라블럼.
이 원정은 어디까지나 외교 임무.
조선인들에게 과시할 목적의 무력이라면
이 정도로도 차고 넘칩니다.

걱정 말고 함대를
출항시키십시오!!

1871년 5월 16일, 해병대 병력 650명을 포함한
1200여 명의 병력과 프리깃 2척,
슬루프 1척, 연안 포함 2척으로 구성된
美 아시아 함대가 나가사키에서 출항.

강화도까지
풍력 항해다~!

거문도에 대한 전략적
관심도 지대해서
들를까 했는데,
나중에 처리하지 뭐.

강화도 서울
거문도
나가사키

서해안을 따라 북상한 美 함대를
5월 23일, 인천과 영종도의
조선 관리들이 포착.

강화도

서울

영종도

이번에는 또 어디
이양선이냐;;

뭐여 저건?!

인천

美 함대는
영종도 옆 작은
무인도인 작약도를
정박지로 삼고,

작약도는 나무가 울창해서
프랑스어로 île boisée—
영어로는 우디 아일랜드
(Woody island)라
이름 붙였다지요.

미국 측은 영종도에서
조선인들에게
입경 목적을 알리는
서찰을 전달.

그쪽 높으신 분들한테
속히 전달해주시오.

영어 아는
사람 없는데;

한문임.

로의 서찰을
받아 본 조정은—

"조난 선박 안전 보장 문제에 대해
조선 측과 협상하고, 통교하고 싶으니,
고위 대신을 보내 협상에 임해주시길."

Ps. 나는 5년 전 너희가 대동강에서
한 일을 알고 있다.

From.U.S.A.
Embassy

다짜고짜 고위 대신
불러서 통교하자니;
무례 쩌네;;

강 사역원 역관을 문정관으로
보내 적당히 얘기해서
돌려보냅시다;

5월 31일,
로 공사는 문정관이 가져온
조선 측 답신을 받아 보고.

'우리 조정은 중국 측 루트를 통해
미국과 통교할 생각 없다고
누차 밝혔음. 남의 영해에
불법 침입한 美 함대는 속히
철수하길 바랍니다.'

고위 대신 보내랬더니
하급 관리한테 이딴 쪽지나
들려 보내?!

아니; 하급관리라뇨;;
3품이면 그리 낮은
품계 아닌데요;;

조선의 고위 대신과 협상하기 전에는
결코 철수하지 않을 것이라 전하시오!

그리고 서울로 가는 물길을 점검하기 위해
강화해협 측량을 위한 선박을
올려보낼 테니 그리 아시오!!

아니; 강화해협에는
우리 해안 포대들
쫙 깔아놨는데요;;

뭐, 대포 쏘려면
쏴보시던가!

1871년 6월 1일 오전,
연안 포함 모노카시와
팔로스가 수로 측량을 위해
강화해협으로 진입.

이에 광성보의 지휘소에서
대응에 나선다.

진무영(강화도 방위사령부) 중군(부사령관) 이봉억

Ps.
미국 함대에는 일본에서 영업 중이던 사진사 펠리체 베아토가 동행했는데—

이 시기 동양의 유명한 흑백사진은 거의 다 제가 찍은 것이죠. ㅎ

그가 남긴 사진 중,
미국 측과의 접촉 과정에서 맥주를 대접받고,
빈 병을 선물로 받은 월미도 촌장의 사진이 있으니,

드시던 것에 비해 맛이 괜찮으신지요?

두유 노우 코리안 비어?

맥주병의 삼각형 상표로 추론컨데,
그 맥주는 밀워키의 Blatz 맥주가 아니었을까— 하는 이야기가 있다.

당시에는 코르크 마개와 철사로 맥주병을 봉하고 기포로 터지지 않도록 병을 눕혀 보관했다.

이런 싸구려 맥주를 대접했으니 전쟁이 나지….

오늘날 블라츠 맥주에 대한 평가는 썩 훌륭하지 않은 듯.

아니; 원조 블라츠는 1950년대에 망했고,
오늘날의 블라츠 맥주는 팹스트 산하 브랜드로 생산되는 이름만 블라츠 맥주임;;

19세기에는 정통 라거로 호평받았다고요;;

제 1 1 장

신미양요 上

1871년 6월 1일,
블레이크 중령이 이끄는
2척의 포함이
손돌목으로 진입했을 때

이거 완전 범 아가리로
들어가는 기분인데;;

모노카시   팔로스

역시나
조선 포대들이
포격하는구나;;

수로가 좁아 사거리가
부족하진 않지만, 무빙 타깃
에임은 거의 무의미한 수준이죠;;

광성보와 덕포진 등에
전개한 조선군의
주력 화포는
일단 홍이포 40여 문,

서양에서는
300년 전에 쓰던
청동 대포니까;;

그래서 특정 지점에 조준을
고정시키고, 적선이 그곳을 지날 때
한꺼번에 쏘는 방식으로
운용했습니다.

그리고 이를 보조하는
불랑기 수십여 문.

이 홍이포와 불랑기가 쏘아낸 포환들은
대부분 빗나갔고,

아리아리랑~

200년 전 물건이지만,
나름 후장식 포입죠!
하지만 소구경이라 딱히
큰 위력은 기대하기 어렵습니다.

간혹 맞는 게 있더라도,
너무 느린 탄속과
약한 위력 탓에 적선에
큰 피해를 주지 못했습니다.

짜증나는 원시적
공격이군.

하지만 그 와중에도
손가락이 날아가고
어깨가 찢어지는 등,
2명의 미군 병사가
부상을 입었으니.

조선군의 천보총 사격이 갑판 위의
미군에게 어느 정도 위협이 되었던 것.

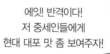

2척의 포함이 탑재한 함포는
32파운드 달그렌포 2문과
12파운드 달그렌포 대여섯 문.

남북전쟁 사진에 종종 보이는
포미가 뚱뚱한 하체 비만 대포.

달그렌포는
전장식 활강포라
서양에서는 이미
구식 대포였지요.

하지만 강철 대포의 매끈한 포강에서
뽑아내는 작열탄의 위력은
구식이 아니지!!

美 포함의 포격으로
조선 측에서는 포군 오삼록이 전사.

컥! 작열탄은
비격진천뢰의
한계돌파 강화
같은 거구나;

美 포함은
짧은 포격전 후 곧 철수.

조정의 포상이
있겠구나~!

작약도 美 함대 정박지.

성조기를 단 우리 배에 대한 선제 기습 포격의 보복이라는 명분으로 무력을 사용할 수 있겠군요!

음;; 명분이라면… 영해 침범은 우리가 먼저 했…

문명의 규범은 문명인끼리의 것! 미개인에게는 문명의 회초리가 필요하지요!!

그런데 공격을 하려 해도, 강화도 연안의 물때가 좋지 않습니다.

아, 이 조선 서부 연안은 정말 지옥의 늪 같은 바다.

상륙정들이 깊숙이 들어갈 만한 물때는 6월 10일쯤에야 될 것 같습니다.

ㄹㅇ?

프랑스 놈들 침공 때의 교훈을 살려 수로 포대들을 강화한 게 주효했군요!

여옥시! 조선은 강하다!!

조선 조정에서는 손돌목 포격전 승리를 자축.

영의정 김병학

하지만 이건 아직
본격적인 공격이 아닙니다.

美 함대는 이를 빌미로
진짜 침공에 나서겠지요.

판삼군부사(국가안보실장) 김병국(김병학 동생)

So, 이미 스페셜리스트 어재연 장군을
진무영의 신임 중군(부사령관)으로 임명.

수도권 위경군 600명을 지원군으로 붙여
강화도로 보냈습니다.

그리 병력을 증파하여,
강화도의 전체 병력은
약 3~4천 정도가 됩니다.

아니, 그걸로는 병력이
부족하지 않나?
한 1만 정도는 때려 박아야~

ㄴㄴ 그건 아님.

강화도에 그리 병력 박으면
수도권 지킬 병력이 부족합니다.

적이 제해권을 쥐고 있는 상황에서
만약 수도권을 노린다면,

강화도 병력은 강화도에 갇힌 상태로
무용지물이 될 가능성이 높습니다.

으어;

김포에서 서울에 이르는
여러 성과 도성을 지키는 데는
1~2만 명으로도 부족해요!

그렇게 위경군 600명을 이끌고 강화도로 간 어재연은
6월 3일, 광성보에서 이봉억과 임무 교대.

대포 몇 방으로 쫓아내긴 했는데
아무래도 열 받아서
다시 쳐들어올 것 같으니
조심하시길.

아, 예.

진무영 전임 중군 이봉억   진무영 신임 중군 어재연
(중군이 사실상의 일선 총지휘관)

강화도 방위 사령부인 진무영의 사령관인 진무사는
강화유수(강화도지사)가 겸직하며 강화성에 머물고 있는데,

강화유수 정기원

병인양요 후, 조정은
침공에 대비한답시고
강화성에 수만 석의
쌀을 쓸데없이 쌓아뒀지…

강화성

지킬 수 없는 성인 강화성이 함락되면
병인양요 때처럼 국가 보관 시설들
털리는 것만 문제가 아니라
그 수만 석의 쌀이 다 날아간다;;

광성보

그러므로 강화성으로 적이 향하지 않도록

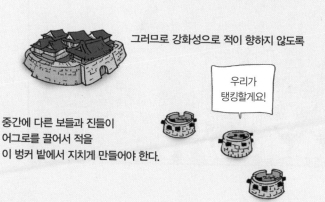

우리가
탱킹할게요!

중간에 다른 보들과 진들이
어그로를 끌어서 적을
이 벙커 밭에서 지치게 만들어야 한다.

ㅇㅇ. 아마 미국 놈들도 지들 배 포격한 광성보를 때려 부수러 오지 않을까 싶습니다.

So, 병력을 광성보로 이어지는 진지에 차례로 배치하고—

광성보

각 진의 병력들은 적을 유인하며 차례대로 광성보로 집결, 광성보에서 크게 붙는다!.

덕포진

덕진진

이에 어재연은 초지진에서 광성보에 이르기까지 약 2천여 병력과 수백 문의 화포를 차례로 포진시킨다.

초지진

Meanwhile 손돌목 포격 후 美 함대와 조선 측은 영종도 앞
무인도 해변에 장대를 세워 쪽지로 말을 주고받았으니.

띵동~
You've Got Mail~

조선 측이 장대에
편지를 달아 세워두고 가면
미군 병사들이 와서
편지를 거둬가고

미개하다, 미개해.
ㅋ톡도 안 쓰나.

다시 미군이
장대에 편지를 달아두면
조선 측이 거둬가고.

ㅋ톡은 너네
친추하기
싫어서 안 씀.

그렇게 손돌목 포격 후,
대원군에게 전해진
로 공사의 서찰은—

"우리는 대화를 바랄 뿐인데
어찌 다짜고짜 대포부터 쏴제끼시는지?
미국은 조선 영토에 티끌만큼도 욕심이 없지만,
이 선제공격에 대해 사과하고 협상에
나서지 않는다면 크게 응징할 것이오.
중국, 일본에 훨씬 더 많은 함대가 대기 중임(구라)."

하?

미국은 서양 국가 중 그나마 인의와 평판을 따지는 나라라 하오니, 부디 좋은 말로 대화하심이—

ㅇㅇ, 수양제를 물리친 을지문덕의 서찰처럼 근사하게 써서 역사에 길이 남길 것이야.

6월 7일 로 공사가 수령한 대원군의 답신은—

"거, 중국 통해서 우리 입장 계속 확실히 밝혔는데 어찌 남의 영해까지 이리 깊숙이 들어와 이러시는지. 나라의 요새까지 깊숙이 침범한 배를 물리침은 천하의 공도일 터, 어찌 적반하장으로 그쪽이 앙앙거리시는지. 동서양 천하 만국이 각자 서로 백성들 잘 챙기며 살면 그만인데, 막 남의 나라 침탈하고 그러면 못 써요."

"PS. 멀리서 오느라 고생하셨을 텐데,
손님 맞는 예법으로 변변찮지만
먹을거리 좀 챙겨 보내드립니다."

크읏;

소 세 마리와
닭과 달걀 등입니다.

"조선 측의 포격은 분명 적개심으로 가득찬
망동이 분명하오!! 이에 대해 해명하려면
고위 대신을 보내 협상해야 할 것이오!!
3~4일 내로 협상에 임하지 않는다면
우리는 응당한 조치에 나설 것이외다!!!"

통번역사
에드워드 B. 드루
(두덕수)

"PS.
보내주신 먹을거리는 감사하지만,
마음대로 받을 수 없으니
돌려보냅니다."

츄릅;;
아섭;;

조선 측은 로 공사의 최후 통첩을 그냥 쌩깠고.

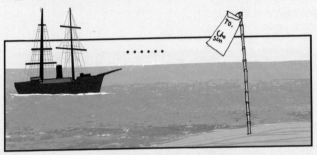

예정대로 6월 10일 토요일,
美 함대는 강화도 침공을 개시한다.

이 작전은
우리 장병들에게
단지 주말 나들이일
뿐이리라.

주말 나들이면
강화도보다는
월미도 가고 싶은데….

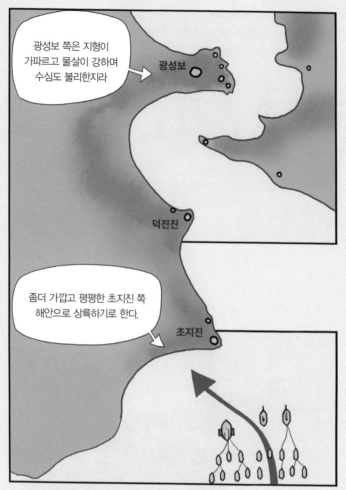

기함 콜로라도와 알래스카는 작약도에 머물고,
연안에서 쉽게 움직일 수 있는 모노카시와 팔로스, 베니시아가
상륙주정을 밧줄로 주렁주렁 달고 초지진으로 항진.

그 밖에 네 척의
소형 증기정들이
상륙주정을 예인한다.

상륙 병력은 해병대 651명과 이를 지원하는 수병들.

남북전쟁 기간에도
여러 차례 상륙작전을 벌인
노하우가 있지요.

6월 10일 정오,
美 함선들이 초지진 앞에 정렬.

으어; 미국 놈들이
결국 여기로 쳐들어오는구나;

사전 조준
지점으로 적
함선이 들어오면
포격을ㅡ

초지진은
첨사 이렴이
병력 250명으로
수비 중.

그리고 함포들이
초지진을 향해 불을 뿜는다.

상륙 전
진지 제압 사격!!

뚜웅

꾸악?!
노르망디의
독일군이 된 기분!!

이어서 킴벌리 중령이 이끄는 美 해병대가
상륙을 개시하며 강화도 침공의 막이 오른다.

오늘 메뉴는 강화도
갯벌 장어대!!

굽씨의 오만잡상

일제의 압제를 걷어내주시고, 평양의 적화 침공을 물리쳐주시고, 원조 물자로 아사를 면케 해주시고, 무역으로 부를 쌓게 해주신 저 천조 미국의 은혜는 50~70년대 한국에 있어서 거의 국교의 영역에 위치한 것이었습니다. So, 미국이 조선시대에 강화도를 공격해 수백 명을 살상했다는 역사적 사건은 꽤 조심스러운 주제가 아닐 수 없었겠지요.

이에 대한 윤승준 교수님의 논문에 따르면 제너럴셔먼호 사건과 신미양요에 대한 국사 교과서 속 서술은 시대에 따라 그 기류를 달리한다고 합니다. 50~70년대 검인정 교과서 속 제너럴셔먼호 사건 묘사는 "미국 상선 제너럴셔먼호가 평양 시민의 공격으로 불타고 승무원들이 몰살당하는 불행한 사건 발생 ··· 전혀 뜻하지 않은 충돌이었다. ··· 사소한 일이 중대한 결과를 초래한 우발적 사건이었다"라는 식으로 안타까움을 담은 느낌이 있습니다.

신미양요에 대해서는 "국교를 트기 위해 ··· 강화해협으로 접근해 왔다. ··· 먼저 평화적으로 접촉하기로 ··· 무력시위로 쇄국의 문을 열고자 ··· 원래 프랑스나 미국은 무력으로써 조선을 침략하려던 것이 아니라 시위 행동으로써 목적을 이루어보려던 것 ··· 결국 군대를 거두어 돌아갔다" 등의 서술로 그 침략성보다는 외교적 의도에 초점을 맞추고, 단어 사용에 있어서 최대한 부정적 느낌을 없애려 한 느낌을 줍니다.

하지만 이런 조심스러움은 80년대로 넘어가면서 일변합니다. 80년대 국사 교과서의 제너럴셔먼호 사건 서술은 "선원들은 총을 쏘고 민가를 약탈, 조선인을 가두는 등의 횡포 ··· 관리를 포로로 잡고 총포를 발사하는 등 난폭한 행위를 저질러 주민들이 사망" 신미양요에 있어서는 "침략해 들어와 점령하고 공격 ··· 당황하여 스스로 철수"와 같은 서술을 통해, 서구 제국주의 열강의 아시아 침탈이라는 보편 세계사적 흐름에서 제너럴셔먼호 사건과 신미양요를 묘사하고 있습니다.

이처럼 제너럴셔먼호 사건, 신미양요에 대한 서술이 80년대 들어서 달라진 배경이라고 한다면, 역시 아무래도 한국인들 머리가 좀 굵어졌기 때문이 아닐까 싶습니다. 군사정권 지도자들도, 정치인들도, 운동가들도, 일반 대중도 슬슬 민족주의적 자존심을 신경 쓰기 시작한 시대지요.

카터 대통령이 집권하며 미국이 한국의 군사독재에 대해 타박하기 시작할 무렵, 박정희 대통령은 1977년 강화 전적지 정화 사업을 벌이며 광성보를 고증에 따라 복원하고 신미양요 무명 용사 순절비를 건립합니다. 민족의 자주정신과 호국의 기상 등으로 추켜세우고 친필도 남깁니다. 뭐, 좀 속 보이는 에두름이자 독재자의 전형적인 민족주의 전용 사례랄 수도 있겠지만 미국의 인큐베이터에서 걸어 나오기 시작한 신생국의 정신적 바이탈 사인이라고도 할 수 있겠지요.

제 1 2 장

신미양요 下

초지진 진장인 첨사 이렴은
포격이 시작될 때 이미 250여 병력
전체를 이끌고 철수.

여기서 무의미하게
전멸하는 건 계획에
없는 일이거든요.

현명하십니다.

적의 저항보다는
강화도의 이 미친 갯벌 때문에
죽을 고생을 했지요;;

함포사격으로 충분할 거 같은데
기어코 야포를 끌고 오다니;;;

초지진에 입성한 미군은
일단 휴식, 정비.

오늘은 여기까지.

초지진에서 광성보까지는 약 4.7Km.
걸어서 1~2시간이면 갈 수 있는 거리지만
중간에 덕진진도 거쳐야 하는지라
오늘 내로 다 처리하기에는 무리입니다.

전투와 협상 컨트롤러로
동행한 드루 서기관

○○. 여기서 1박 하면서
조선 측이 협상 사절을
보내올는지 기다려봅시다.

광성보
어재연 군

덕진진

초지진
미군

음. 초지진이
함락당했나;;

으어; 그럼 곧바로
육지 쪽에서 광성보로
쳐들어오겠는데요;;

광성보의 어재연

광성보는 반도 지형에 있는지라,
입구가 막히면 꼼짝없이 갇힌 채
육지와 바다 양쪽 포격으로
전멸당할 자리입니다;;

양놈들 포격이
저리 무시무시한데;;

다 죽이지 않으시려면
부디 철수를···

아무리 죽을 자리라도
여기서 싸울 수밖에 없다!

광성보에서 우리가
죽을 각오로 버티고

바깥쪽의 아군이 적을 뒤에서
친다면 망치와 모루가 되어
적을 물리칠 수 있을 것이다!

그리고,
여기로 어그로를 끌지 못하면
강화성으로 향할 미군이 강화성의
쌀 5만 석 싹 다 불태우겠지.

헐;; 쌀 5만 석이면
어쩔 수 없군요;;

애틀랜타도 불태운
놈들이니 능히
그럴 수 있지요.

6월 11일 새벽, 이렴의 군사가
초지진 야습을 시도했지만,
미군이 화승총 사정거리 밖에서
총격하여 가볍게 격퇴된다.

으어;;
야간 경계도
철저하구나;;

6월 11일 아침,

미군은 식사 후
광성보를 향해 전진.

광성보

중간에 위치한
덕진진의 조선군은
미군 도착 전에 철수.
미군, 덕진진 무혈 점령.

덕진진

이리 계속 빠지다가 광성보에서
한타할 때 모이면 되는 거지?

초지진

근데 제때
모일 수 있을까;;

음;; 일단 지키기 어려운 평지의 광성 돈대 대신에 언덕 위 손돌목 돈대를 메인 진지로 삼고.

광성보 500여 명의 병력 중 다수를 손돌목 돈대에 집중.

바깥쪽 아군이 집결해 호응할 때까지 버텨보자;;

물론 미군은 조선군에게 일각의 여유도 주지 않고, 오전 10시에 바로 공격 개시.

광성 돈대

손돌목 돈대

용두 돈대

포격 개시.

Fire!!!

대모산 어귀에 배치한 12파운드 야포 2문이 불을 뿜고,

바다에서는 포함 모노카시와 팔로스가 지원 사격.

쌓아놓은 화약 더미가 적탄에 맞아 폭발하는 등,
손돌목 돈대의 화력은 적에게 별다른 피해를
주지 못한 채 무력화되었고,

손돌목 돈대의 내부 면적은 약 235평.

대형 헬스장만 한 넓이에
수백 명이 들어차 있다보니
포격에 의한 인명 피해도 컸다.

1시간 포격 후 오전 11시.

이제 대충 다 정리됐겠지?
병력 진격 개시.

뿌르뼁뽀 뿌 뿌~♪
뿌르뿌르 뿌 뿌~♬

해병대 300여 명이 손돌목 돈대를 향해 진격 개시.

포격에 대충
다 죽지 않았으려나.

돈대의 조선군이
화승총으로 저항했지만.

오지 마라,
이놈들아!!

투당
투탕
타다당

하; 무의미한
저항을;;

미군의 총은 후장식으로 개조한 스프링필드 1861- 밀러 모델.

긴 사정거리와 강력한 파워를 지닌
남북전쟁의 주력 소총.
전쟁 후 후장식(밀러 모델)으로 개조됨.

맞물려 돌아가는 회전 블록을
이용한 약실 폐쇄 방식으로
매우 튼튼한 후장식 구조.

그리고 레밍턴 롤링블럭.

그리고 이 소총에
사용하는 탄환은
금속제 탄피를 채용해
높은 신뢰성을—

신뢰성 같은 소리 하고 자빠졌네;;
이 구리 탄피는 4발 중 1발이
격발 불량 나는 하자품이었대!!

초기 모델이라
아직 부족한 점이
많습니다;;;

이리 현대적인 소총을 들고 온
미군에게 성벽 위의
조선 총병들은 조준사격으로
학살당한다.

지난 번 프랑스 놈들한테도
총격전으로는 비빌 여지가 없었는데;;
미국 놈들은 더 사기템을 들고 왔네;;

돌격 과정에서 데니스 핸러한 일병이 조선군의 총탄에 피격, 강화도에서의 미군 최초 전사자가 된다.

첫 번째로
성벽을 타고 넘은
휴 W. 맥키 중위는
곧바로 조선군의
총격을 받고 창에 찔려
쓰러진 후 전사.

아아아아~
마음보단 덜 아프다아~

약혼녀 NTR 소식을
편지로 전해 듣고
무모하게 돌격을
감행했다는 썰도…;;

이어진 성내 백병전에서 조선군은
치열하게 저항했지만,

이미 포격과 사격전
과정에서 만신창이가 된
적을 상대하려니
조금 불쌍하긴 하군요.

쿠지끈

냉병기 대결에서도,
조선군의 무쇠, 참쇠는
미군의 Steel에
여지없이 깨져나간다.

결국 어재연, 어재순 형제도
미군의 총검에 쓰러지고,

하지만 조선 병사들은 돌을 휘두르고
흙을 던지며 끝까지 저항한다.

몇십 분 후, 돈대 내부가
어느 정도 제압되고,

어;; 이제 조선군 그만 죽이고
생포하는 쪽으로 진행하도록.

미군은 총탄과 총검을 거두고 조선 병사
생포에 나서지만—

아; 저기
해치지 않아요;;

X 까라!!! 더러운
핵쟁이 놈들한테는
안 잡힌다!!!

조선 병사들은
칼로 자결하는 등,
포획에 격렬히 저항한다.

그리고 100여 명의 조선 병사들은
미군을 피해 용두 돈대로 도주.

손돌목 돈대

용두 돈대

양귀 놈들은
사람이 아녀;;

미군이 추격해오자,
모두 용두 돈대 아래
절벽으로 투신한다.

1871년 6월 11일 정오 무렵,
광성보 전투는
그렇게 종료된다.

미군 전사자는 3명,
부상자 10여 명.

조선군은 243명 전사, 100여 명 자결,
20명이 포로로 잡힌다.

제 1 3 장

미군 철수

그랜트 대통령 재임 기간
국무장관을 지낸
해밀턴 피시는
미국 역사상 최고의
국무장관 중 한 명으로
일컬어집니다.

알래스카를 구입한
수어드 장관 만큼
명성이 높지요.

Hamilton Fish

대통령의 전폭적인
신임에 힘입어!

전폭적인 신임이라기보다는
귀찮은 국사를 몽땅 떠넘겼다는
느낌이지만.

앞으로 나랏일 할
공무원은 과거 시험으로
뽑는 걸 국룰 삼는다.

피시 장관은
국무부 직원 채용을 위해
최초로 공채— 공무원 시험을
도입합니다.

공시 지옥의
시작이군요.

1871년, 워싱턴 조약으로
남북전쟁 기간 영국이 남부 통상파괴함
건조를 지원한 데 대한 배상금을 받아내고,
캐나다와의 국경 문제,
대서양 어장 문제를 해결한 것이
그의 대표적인 업적.

미·영 간의
100년 적대를 끝내고
우호로 가는 첫걸음이죠.

우리 글래드스턴 총리께서
착한 외교 추구하시는
덕분인 줄 아쇼.

그리고 중남미를 주목, 지협 국가에 대한 영향력 확대를 위해 노력합니다.

언젠가 여기 운하 뚫으려면 지협 국가들을 대충 다 번국 삼아야 할 것.

니카라과, 온두라스, 콜롬비아, 과테말라 등등.

하바나 마타타~!

옴브레 도망고~!

1869년, 쿠바에서 스페인에 맞선 독립 운동이 일어났을 때는—

쿠바 독립 운동 지원해서 쿠바를 우리 나와바리 삼읍시다!

으음…

아니, 솔직히 지금 미국 해군이 스페인 해군 이길 수 있다고 장담할 수가 없다….

부잣집은 망해도 3대는 간다!!

그리고 미국의 카리브해 세력 확장은 카리브해에 지분을 가진 영국의 경계를 사게 될 것.

결국 대서양은
레드오션이니 일단 신경 끄고

광대한 블루오션,
태평양 쪽을 보면 어떻겠습니까?!

Pacific ocean

태평양을 건너
풍요롭고 광대한
차이나! 지팡구!
아시아!

16년 전, 태평양의 저쪽 대안
교두보로 삼기 위해 일본을 개항시켰듯이,

이번에는 중국의 중심부 턱밑에 위치한
코리아를 개항시켜,

아시아 시장의 코어로
비집고 들어가봅시다!

셔먼호 사건을 계기로
선박 안전을 꾀한다는
1차적 목표하에!

북동 태평양 포경선들의
편의를 위해서도.

거문도가 저 삼거리 바다의
전략 요충지니까
거기도 챙겨야 합니다.

그렇게 1871년 5월,
아시아 지역의
美 전력을 긁어모은
아시아 함대가 조선으로
향하게 된 것입니다.

국무부의 총괄하에 놓인 작전이니만큼
문민통제 원칙에 따라 외교관들이 원정 전체를 지휘한다.

일본보다도
더 약소국이라고 하니,
대포 몇 방이면
간단하게 열리겠지.

장관님,
로 공사로부터
전갈이 왔습니다.

피시 장관님 전상서
… (전략) …

이곳은 어느덧 장마가 시작될
조짐을 보이는지라,
안 그래도 저주받은 해안이
더욱 지옥 같아질 것 같습니다.

군사 보고서대로 우리 군은
우리 함선에 포격을 가한 적의 포대를
완벽하게 제압하고 파괴했습니다.

일방적인 학살극이었음에도 불구하고
적들의 광기 어린 투지는 우리 장병들을
어느 정도 질리게 만들었습니다.

전투 후,
수습 가능한 범위 내에서 조선 병사들의
시신을 요새의 참호에 묻어줬습니다.

포격 때문에 불에 탄
시신들도 많았지요.

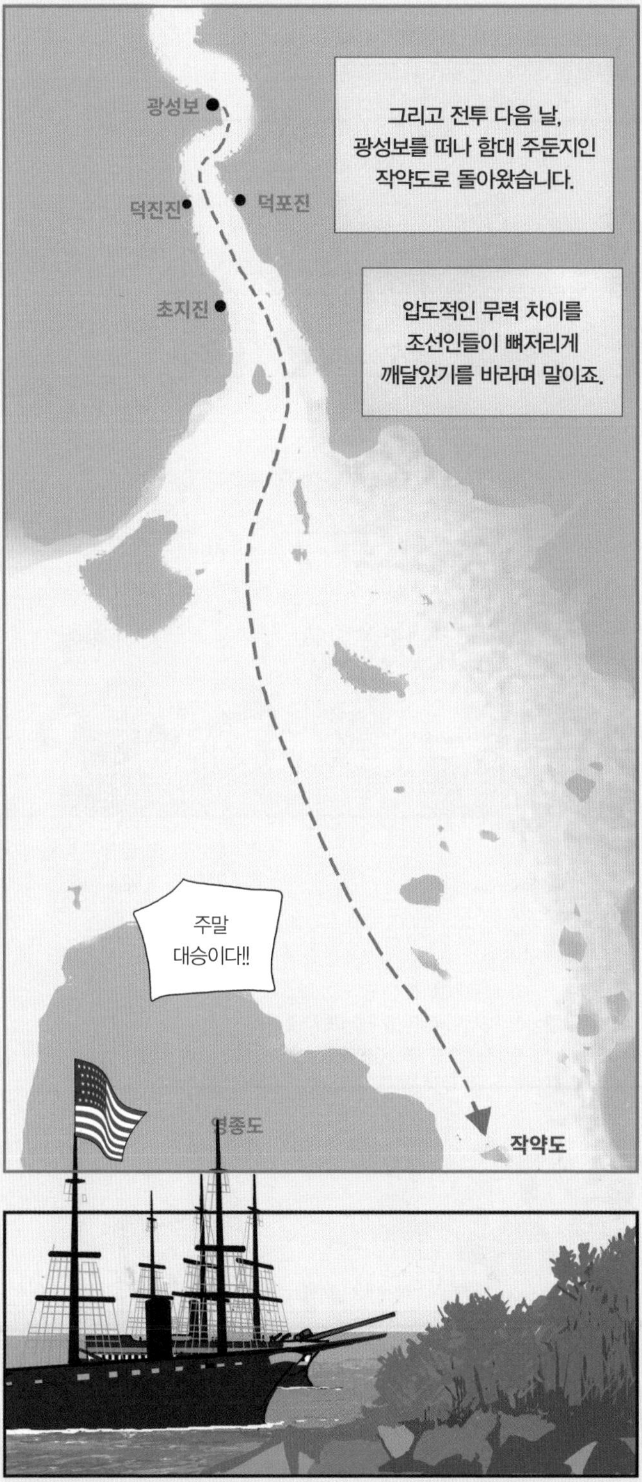

그리고 전투 다음 날,
광성보를 떠나 함대 주둔지인
작약도로 돌아왔습니다.

압도적인 무력 차이를
조선인들이 뼈저리게
깨달았기를 바라며 말이죠.

광성보

덕진진 ● ● 덕포진

초지진 ●

주말
대승이다!!

영종도

작약도

조선군 포로는 20명으로, 처음에는 거칠게
저항했지만 곧 풀이 죽어 얌전해졌습니다.

미군 군의관이 포로들의 부상을 치료해줬고.

여기서 팔 절단 수술을 받은 조일록이
클로로포름 마취를 경험한 최초의 조선인.

이 포로들을 조선 당국이
협상에 나서도록 만들 레버리지로
활용해볼까 했습니다만.

조선 측은
완고한 자세로
접촉 자체를 거부.

미군 철수 이틀 후,
광성보에 온 조선군은 미군이
다져놓은 땅을 다시 파헤쳐
시신 53구를 수습.

광성보 전투의
패전 소식에
조선 조정은
당혹보다는
大분노.

미국 놈들이 아예 도성까지 쳐들어올 가능성은 어떨는지요?

그럴 가능성은 별로 없잖겠습니까?

미국 놈들은 요새 몇 개만 부쉈을 뿐, 결국 손바닥만 한 강화도 다 장악하지 못했지요.

프랑스 놈들이 메인 읍성인 강화성을 점거하고 강화도를 거진 다 장악했던 것에 비할 바 못 됩니다.

또한 한강 물길은 양놈들 배가 들어오기에는, 난해한 덫으로 가득찬 얕은 물길이고.

육로로 진군해 오려면 몇백의 병력으로 파주에서부터 수도권 방위 거점들을 다 뚫고 와야 하는데, 아무리 美 해병대라도 그건 무리지요.

… 그렇습니다.
더는 어떻게 쓸 카드가 없다는 겁니다.

양귀 고 홈!!

미군기지는 평택으로 이전했다고!

포로들은 그냥 다
풀어드립니다.

광성보 전투 후 20여 일을
작약도에서 뭉개다가 결국 7월 3일,
美 함대는 조선을 떠나
나가사키와 즈푸로 철수한다.

으어; 목화 농장
〈노예 12년〉 찍을 뻔했네;

그래도 조선 측이 서양 표류 선박을
해치지 않고 잘 돌려보낸다는
정책을 일관되게 표명했음은
긍정적으로 볼 여지가…

그 무능함에도 불구하고
월급 받아먹고 사는 당신들
팔자가 긍정적이겠지!

아무 소득 없이 돈과 인명만 날린
이 조선 원정은 여론의 질타를 받았고,
피시 장관의 화려한 업적들 사이에
작은 오점으로 남게 된다.

후, 태평양 서안을 미국의
입맛대로 요리하기에는
아직 리치와
파워가 부족한가….

Meanwhile
조선에서는—

일본도 중국도
무도한 양놈들에게
뜯기고 오염되어
좀비화된 세상에서.

여론 주도층인 유림이 이를 시대정신 삼았고,

백성들의 원초적인 배외 감정은 또 철석같이 거기에 결합해
신나게 국가 수호 에너지를 마구 발산하고 있지.

대원군도, 전주 이씨도, 안동 김씨도,
풍양 조씨도, 당파 잔당들도,

모든 정치 주체들이
그리 확실한 도그마에 대한 충성 선명성 경쟁을 벌이고 있다.
누가 여기서 삐딱선을 탈 수 있겠나.

으음… 그렇지만 역시 이건 좀 아닌 것 같기도….

과연 외적을 잘 막아내고 있다고 할 수 있는 건가?

정권이 제대로 나라를 지키는 방향으로 굴러가고 있는 건가?

… 균열이 스멀스멀 발아하는 것 같기도.

아무튼 병인양요 때와 마찬가지로 이번에도 중국에 양요 내막에 대한 알림장 발송.
(미묘한 원망의 뉘앙스를 담아)

뭐, 이번에도 형님 도움 없이 어찌어찌 물리쳤습니다.

거, 양놈들한테 말 좀 잘 전해주십쇼.
(퉤!)

워, 워, 막부는 우리와 오래 통교한 우호 정부지만, 새로 생긴 저 일본 신정부는 우리랑 친구가 아니야~

아, 그러니까 좀 세계 접수하고 통교 하자니까요?!

하지만 병인양요 때와 달리 일본에는 알림장을 발송하지 않는다.

통교는 개뿔, 저 미국 함대가 너네 나가사키에서 출항한 거 보면 일본 신정부는 서양 앞잡이가 맞는 듯.

킁. 미국 놈들이 결국
분탕만 치고 걍
철수해버렸구만.

하여, 부산의 일본 외교관들은
1년 가까이 왜관 내에 머물러 있다.

근성 없는
양키 놈들 같으니.

아오, 차라리
저 미국 함대랑
우리 병력 같이 보내서
공동 행동 했으면
좋았을 삔!

말도 안 되는 소리.
미국이 일본을 같은 레벨
파트너로 대해줄 리가 있냐.

아오!! 미국 놈들은 어리버리
실패했지만, 우리는 더 잘할 수 있는데!
정한(征韓)!!!! 정한 마렵다!!!

어, 정한인지 아닌지 모르겠지만,
정부에서 병력을 모으고 있는 듯?

헉, 원정 병력
모으는 건가?!

1871년 8월, 조슈, 사쓰마, 도사의
어친병 2천, 도쿄로 집결 개시.

정한은 아니고
뭔 또 정변인갑네.

비겁하게 포로가 된
으딩이들, 죽이든 살리든
신경 안 쓴다면서요?

PS.
미군에게서 풀려난 20명의
포로들에게도
고루 훈포상이 내려진다.

별장 유예준

어휴, 그야 기싸움을 위한
센 척 드립일 뿐이지~

그건 그렇고,
미군 함선에 웬 조선인들이
타고 있더라고요?

으의?

표류하다 구조된 어부들이라고도 하고,
미군과 비밀리에 접선한 천주교도라고도 하고.

불러도 눈치 보며
안 오더라고요.

저기요~

· · · · ·

그건,
이완익?!?

그리고 포로들 이름 적어 간
조선 꼬마애도 하나 있었죠.

성함이-
J, A, N, G
S, E, U, N, G
Gu? Up?

그건,
유진 초이?!

미국 함선의 그 조선인들은
이후 역사와 엮인 일이 없었는지
그 전말을 더는 알 수 없다.

굽씨의 오만잡상

"지친 말들의 다리를 태평양 바닷물로 씻길 때까지! 미국의 우월한 사회 체제와 문명의 범위를 북아메리카 전체로 확장하는 것이 미국의 천명! '명백한 운명'이다!"

19세기 중반 미국인들은 저 명백한 운명을 국시로 삼아 그 강역을 끝없이 서쪽으로 넓혀갑니다. 인디언을 학살하고, 멕시코인들을 쫓아내고, 영국인들과는 협상을 벌여 남쪽 끝 샌디에이고에서 북쪽 끝 시애틀까지 태평양 연안을 벌려 나갔습니다. 그리 강탈한 땅들을 놓고 노예제 문제로 충돌이 빚어지고 결국 남북전쟁이 터졌으니, 그랜트 대통령이 이를 미국이 벌인 침략 전쟁에 대한 천벌이라고 한탄할 만했지요.

뭐, 천벌이었든 뭐든 간에 결국 남북전쟁은 강력한 통합국가 미국을 탄생시켰고, 북미 평정을 완료한 명백한 운명은 이제 태평양을 향해 뻗어나가기 시작합니다. 이제 단순히 포경선들의 기항지 마련 차원이 아니라, 강대국들이 세계를 놓고 벌이는 거대한 게임판에서 미국의 지분을 늘릴 포석을 마련해야 할 때였습니다.

일단 태평양 너머에 말뚝 박을 만한 요지를 모색해야 했지요. 그리고 1867년, 제너럴셔먼호 사건 조사를 위해 와추셋호를 이끌고 조선 해안을 탐사했던 슈펠트 중령은 거문도를 그 후보지로 뽑아 올렸습니다. 때문에 신미양요 당시 미국 원정 함대의 구상 중에는 거문도 점령과 기지화도 있었다지요.

물론 아무리 막돼먹은 19세기 제국주의 시대라 할지라도, 아무 땅에나 가서 깃발 꽂고 우리 구역이라고 주장하는 건 도의가 아니었지요. 특히 요충지에 깃발을 꽂을 경우, 다른 강대국들이 격렬하게 태클을 날립니다. 쓰시마에 러시아가 기지 건설을 시도했을 때, 영국이 분기탱천해 쫓아낸 사례처럼 말이죠. 그러니 어딘가에 깃발을 꽂기 위해서는 다른 강대국들의 태클을 압도적인 힘으로 무시하거나, 자국이 열과 성을 다해 그 지역에서 서구 문명 전체의 이익을 위해 노력했다는 걸 입증하고 그 대가로 깃발 꽂을 권리를 인정받아야 했습니다(해당 지역의 잠긴 문을 무력으로 때려 부수는 노력).

여기서 미국이 돈과 의지를 기울여 조선을 개항시키고 먼저 침 발랐음을 인정받았다면, 거문도에 꽂힐 성조기 또한 열강의 인정을 받을 수 있었겠지요. 하지만 조선의 완강한 고집을 꺾기에는 미국이 들일 수 있는 노력과 의지가 부족했고, 뭣보다 태평양 너머는 아직 너무나 먼 땅이었습니다. 미국이 바로 그 미국이 되기 위해서는 아직 갈 길이 먼 1870년대였던 것입니다.

제 1 4 장

폐번치현과
사민평등

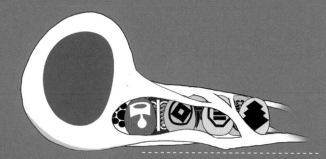

1871년 현재,
메이지 정부의 중앙군은
각 번에서 비정기 파견나온
번병들을 중심으로 한
어친병 체제.

어휴, 계급장이
있으시구만요~

에이, 다른 번이면 다
아저씨죠 뭐.

얽ㅋ 이 군대로 무슨
정한을 하겠다고
난리친 걸까요. ㅎ

제대로 된 근대 국민군은
대체 어찌 만들 것인가;;

지방 정부들인 각 번의
인력 관리와 재정이
다 따로 노는 한 근대 국민군도
근대 재정 정책도 불가능하다.

–라는 말인즉슨,
국가체제에 대대적인
개혁이 필요하다는 것…

근간 독일도
완전히 하나의
국가로 합쳐졌다더라.

메이지 정부의 수뇌들이
쑥덕거리며 뜻을 모았으니–

일본은 강력한
중앙집권 국가가 되어야 한다!!

으어어어어??!!

지방자치- 번 제도를 폐지하고
지방을 중앙정부 직속 현으로 재편!!
폐번치현!!
廃藩置県

애초에 우리 혁명이 지향했던 국가체제는
근본적으로는 고대 중앙집권 율령제 국가요,

최근 트렌드 면에서는
근대 통일 국민국가이니.

대륙, 한반도와
비슷한 체제였지요.

유럽은 대충 다
중앙집권
국민국가라더라.

이 사무라이 운동권에도
NL과 PD가 있다고 치면-

NL은 서양 제국주의에 맞서
양귀 다 죽이자는 놈들이요,

민족 자주!!
양귀 고 홈!!

PD는 낡은 봉건 질서를 타파하고
새 시대를 열자는 이들이니.

봉건제하 낡은 신분 질서를 부수고
일군만민!! 한 임금 아래 모든 백성이
평등한 새 세상을 열어나갑시다!!

一君萬民

그 봉건 질서의 중핵인 지방 영주와
가신단으로 이뤄진 번 체제를 해체!

이로써 봉건제가
완전히 무너지고,
그 하부구조인
사무라이 신분 질서도
사라지게 되는
것입니다!

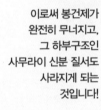

으아니!? 너네도
사무라이 아니냐?!

그렇게 극비리에
폐번치현 계획이
진행되고,

폐번치현

유신 수뇌부는 폐번치현 발표 이틀 전인 8월 27일에야
정부 수반인 산조와 이와쿠라에게 계획을 통보한다.

우대신 이와쿠라   태정대신 산조

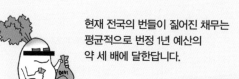

현재 전국의 번들이 짊어진 채무는
평균적으로 번정 1년 예산의
약 세 배에 달한답니다.

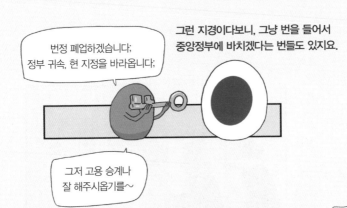

번정 폐업하겠습니다;
정부 귀속, 현 지정을 바라옵니다;

그런 지경이다보니, 그냥 번을 들어서
중앙정부에 바치겠다는 번들도 있지요.

그저 고용 승계나
잘 해주시옵기를~

물론 쉽게 받아들이지 않는
번들도 있겠지만~

500년 종업을
이리 쉽게 들어
바칠 수는 없지!!!

그런 부분에 대처하기 위해,
삿초토- 3개 번병 2천과 함선들을
도쿄로 소집해놨습니다.

아, 지난 회차의 병력
집결이 이거였군요.;;

순응하지 않는 놈들이 있다면
어디든 때려잡으러
갈 수 있다는 메세지지요.

• • • • •

그렇게 1871년 8월 29일,
폐번치현 조서 발표.

이로써 지방자치 800여 년이
종언을 고하고 일본 지방 행정은
3부 72현으로 재편된다.

각 지방 번정은 중앙정부에서 파견한
현령들에게 순조롭게 접수됩니다.

번주 가문들은 헌청에 부담되지 않도록 조용히 도쿄로 이사갑시다.

조슈의 모리 다카치카 같은 다이묘는 정부 방침에 적극 협력하며 체제 전환에 앞장섰지만.

크아아아악!!!! 망할 뀐놈들 수작에 시마즈 700년 종업을 이리 말아먹었구나!!!

사쓰마의 시마즈 히사미쓰는 크게 분기탱천.

하지만 뭘 어쩌지는 못 하고 그냥 성내 화약을 밤새 불꽃놀이로 몽땅 쏴 날리며 마음을 삭였다고 한다.

죽 써쉬 개 주는 차원을 넘어서 집 문서까지 개놈들한테 넘어갈 줄이야….

저, 번정들이 진 채무는
중앙정부에서
승계해주실 거죠?

음? ㅇㅇ.
걱정 ㄴㄴ.

유신 이후에 번들이 진 채무에 대해서는
중앙정부가 연리 4% 조건으로 승계하고,

유신 이전 채무에 대해서는
무이자로 50년 분할상환 합니다.

아, 그리고 1843년 이전 채무는
그냥 말소 처리합니다~

… 칼만 안 들었지
순 날강도…
아, 칼도 들었구나.

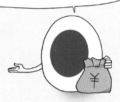

그리고 폐번과 함께
사무라이들도 싸그리
신분 폐지, 정리 해–

으어어어어?!!

일단 1869년에 정한 신분제를 유지합니다.

공경 귀족과 다이묘
약 2,800여 명.

사무라이 155만여 명.　　하급 무사 34만여 명.
　　　　　　　　　　　　(곧 평민으로 편입)

약 3100만여 명.

폐번치현 이후에 실업자가 된 이 사족 계층에게
중앙정부가 녹봉을 계속 지급.

액수가 반의 반으로
깎인 것 같은데요;;

그나마 주는 걸
감사하게 여기도록.

이 화족, 사족들에게 지급하는 녹봉이
1872년 국가 세출의 3분의 1을 차지.

이 금액으로
먹고살 순 없지만
그래도 감지덕지
해야죠;

이 비용은 도저히
감당 못 하겠다;;
어떻게든 처리해야;;

장기적으로는
신분제 폐지의 길로
정책을 이어가야 합니다!

일군만민!!!
사민평등!!

그리하여
1870년에는
평민들에게도
성씨 허용.

1875년 이후에는 그냥 나라에서 강제로 다 성씨를 부여해줌.

그리고 폐번치현과 함께
모든 백성의 번 소속 해제.
새로 호적법이 적용됩니다.

더불어 여행, 거주 이전의
자유가 시작된다.

그러면 평민, 사족 구분은 왜 있는 거죠?

또한, 평민이든 사족이든 법적으로는 모두가 평등하다는 원칙이 천명된다.

=

실직 무사들 달래주는 용도일 뿐이지 뭐.

평민도 고위 관료가 될 수 있고,

진로, 직업 선택에서도 완전한 자유와 비차별 천명.

무사도 장사에 나설 수 있다.

뻑

팔아주셔서 감사합니다. 나으리~

¥ 115

무사가 연 가게에 온 손님들이 들어오고 나갈 때 카운터에 90도로 절하는 풍경이 흔했다고.

음, 이건 좋은 건지 모르겠네요~

폐번과 함께 토지의 개인 소유와 매매를 골자로 한 토지법 개정이 이루어진다.

자본주의 발전을 위한 필수 단계야.

하지만 이 신분 해방령은 종래 천민들이 가졌던
면세, 업종 독점, 특정 토지 소유권 등을 박탈하여
전보다 더 비참한 처지로 몰아넣은 측면이 있다고.

제도의 개혁 뿐 아니라
근대 인프라 건설도 적극 추진되어−

전국 전신망 개설에 이어 1871년
상하이, 블라디보스토크와의
해저 전신망 개통으로
일본은 세계와 연결된다.

얼ㅋ, 강화도에서 허탕 쳤다고 미국에
전보 치신다고요?ㅋㅋ

우편! 전신!
정보화 혁명의
첨병입니다!!

1871년, 역체사(체신성의 전신) 센터장
마에지마 히소카에 의해 우편 서비스 시작.

일본 최초 우표

마에지마는 전신과 우편에 하등
쓸모없는 한자 폐지를 주장했지요.

이 우편 서비스의
가장 중요한
운송품은 바로 **신문!**

1868년에 《중외신문》과
《에도신문》이 비정기
책자 형태로 간행되었고,

1870년에 최초의 일간지인
《요코하마 마이니치》 창간!

美 함대,
조선에서 철수요!!

이 활자매체 붐을 적시에 탄 이가 바로
후쿠자와 유키치.

뉴욕, 런던, 파리,
로마 찍고!

후쿠자와는
1860년대에 막부 사절단의
일원으로 몇 차례
유럽과 미국을 오간 후,

1866년,
서양 전체에 대한
개괄 입문서인
《서양사정》 출간.

양놈들의 개략적인
역사, 정치, 문화, 생활
음식, 예절, 자전거,
등등.

우리 시대의
《먼나라 이웃나라》!

《서양사정》이 베스트셀러가 되면서
후쿠자와는 당대 최고의 신문물
지식인으로 자리매김한다.

우리는 서양 문물에 대해
너무 몰랐습니다!
정말 위대합니다, 선생!

. . . .

후쿠자와 선생 사인회

서양을 혐오하는
양이꾼들에 의한
암살 시도도 몇 번 있었고.

도쿄에 학교 지을
금싸라기 땅도 받았죠. ㅎ

이를 바탕으로 후쿠자와는 종래의 난학소를
1868년 게이오의숙으로 재설립한다.

I wanna take
you to a 게이오~ 게이오~
게이오~!

게이오에서 신문물을 배운 졸업생들은
대거 신정부에 출사.

흠. 뭐, 그렇다는 거군요.
서양은 이리 대단하고,
신문물은 빨리 도입해야 하고….

미국 출장 다녀온
대장소보 이토 히로부미

아니, 오쿠보,
기도 둘 다 가면
정부는 누가 이끄나요;;

믿음직한 유신 거물!
사이고 님께서
정부를 맡아주실 겁니다!

엃, 잘들 다녀오라구.
오미야게로 맛난 것들 좀
챙겨오고.

사이고라…;;;
음…
뭐 별일 없으려나…;;

제 15 장

이와쿠라
사절단

1871년 12월 23일
요코하마

여객선 SS 아메리카

서구와의 불평등조약 개정과 선진 문물 시찰을 위한
정부 고위 사절- 이와쿠라 사절단이
장도에 오른다.

특명 전권대사
우대신 겸 외무경
이와쿠라 도모미

부사 기도 다카요시   부사 오쿠보 도시미치

사절단은 정부 인원 46명에
수행원 18명, 유학생 43명 등,
총 107명에 이르는 대인원.

그중 주요 인물의
면면을 볼작시면-

대장소보 이토 히로부미
사절단 준비 총괄.

언론인 후쿠치 겐이치로
에도신문 발행인.

막부 영국 유학생 하야시 다다스
에조 공화국 참여자.

육군 소장 야마다 아키요시

사관 구메 구니타케
역사학자. 이와쿠라 사절단의
공식 기록인 《미구회람실기》 저술.

사법대보 사사키 다카유키
천황 친정론자.

해군 기술 책임자 히다 하마고로
에조 공화국 참여자.

궁내대승 무라타 신파치
사이고의 심복.

그리고 각 번, 다이묘 가문의 젊은 번주, 계승자들.

히젠 번주,
미부 번주,
죠슈 번주,
도야마 번주,
후쿠오카 번주,
마에다 가문 당주 등.

그런 높으신 분들의 수행 겸 유학생들.

햐쿠타케 가네유키
이때 유럽에 유학하여
일본 최초의 서양화가가 된다.

히라타 도스케
이때 하이델베르크에 유학하여
일본 최초의 철학박사를 딴다.

나카에 초민
이때 프랑스에 유학하고
데모크라시 운동가가 된다.

가네코 겐타로(18세)
이때 하버드에 유학하여
루스벨트와 친분을 쌓는다.

단 다쿠마(13세)
이때 MIT에 유학해
광산 기술을 익히고
미쓰이 그룹 총수가 된다.

야마가타 이사부로(13세)
야마가타 아리토모의 양자(원래는 외조카).
훗날 조선총독부 정무총감.

이 여정에 오쿠보는 두 아들을 모두 동행.

장남 오쿠보 도시나카(12세)

차남 마키노 노부아키(10세)
아소 다로 전 총리의 외증조부.

즉, 나님은 오쿠보 도시미치의 외고손자라는 겁니다.

앞으로는 여권 신장의 시대! 여아들도 서구 문물을 접할 수 있도록 길을 마련해줍시다!

또한 구로다 기요타카의 제안에 따라―

마누라 패는 인간이 여성 교육 운운이라니;

다섯 소녀가 미국 유학생으로 뽑혀 사절단에 참가.

요시마쓰 료코(16세)

우에다 데이코(16세)

야마카와 스테마쓰(11세)

나가이 시게코(10세)

쓰다 우메코(9세)
훗날 쓰다주쿠 대학 창립.

국가 예산의 1%를 경비로 지출하는 대사업이니만큼, 모쪼록 장도에 성취 있으시길!

올 때 메로나~

그리 정부 핵심 인사들이 자리를 비우는 동안, 남은 인사들이 유수 정부로서 자리를 지킨다.

'유수'– 남아서 지킨다는 뜻이죠.

–라는 말인즉슨, 파티 타임?

留守政府

태정대신
산조 사네토미

참의
(사쓰마)
사이고 다카모리

대장대보
(조슈)
이노우에 가오루

참의
(도사)
이타가키 다이스케

문부경
(사가)
에토 신페이

참의
(사가)
오쿠마 시게노부

객실 시설이 엄청 좋더라고요.

SS 아메리카호는 순조롭게 태평양을 건너–

GOLDEN GATE

1872년 1월 15일, 샌프란시스코 도착.

사절단은 대륙횡단철도를 타고 워싱턴으로.

대륙횡단철도라니;;
실로 만리장성을
능가하는 대역사;;

샬롬~

솔트레이크시티를 거쳐

작년 대화재로
아직 어수선하죠.

시카고를 지나,

1872년 2월 29일, 워싱턴 도착.

그랜트 대통령 예방.

해 뜨는 나라 천자께서
해 지는 나라 대통령께—

아니, 잠깐, 우리가 더
동쪽인 것 같은데요.

날짜 변경선을
시작점으로 삼아야죠.

미국 여론은 사절단 일행을
크게 환대했지만.

사절단의 메인 퀘스트인
불평등조약 개정은
만만치 않았으니.

이것저것 알아보니 조약이
좀 불평등하더라고요;
이번에 갱신하면서 좀
개정해주십사~ 하고.

. . . . .

피시 국무장관

그런 조약 개정 논하시려면,
인감이랑 주민등록초본이랑 성적 증명서랑
천황의 '전권위임장' 갖고 오셨어야죠.

헉?!;

이런 큰 일을 논하려면
국제법 양식에 맞게 작성된
국가 원수의 전권위임장이 있어야
얘기가 진행이 됩니다!!

크악!! 내 금방
전권위임장
챙겨서 오겠습니다!!

에?! 일본까지
다시 다녀온다고?!

흠, 웬만하면 걍
퀵서비스 쓰시지.

천황의 전권위임장을 챙겨오기 위해 오쿠보는 이토를
데리고 다시 일본으로 돌아간다.

오쿠보가 일본에 다녀올 동안 남은 인원들은
미국에서 여기저기 돌아보고
유학생들 학교 입학도 시키는 등
즐거운 시간을 보냅니다.

니지마 조
일본 개신교 개척자.

이와쿠라 도모미는 미국 유학 중이던 아들의 권고를
받아들여 상투를 자르고 양복을 입는다.

따지고 보면 사실 상투도
딱히 근본 있는 풍습은
아니더라고요.

저게 상투였구나….

※ 1869년의 복장, 두발 자율화 조치로
이미 단발 권고령이 내려져 있었음.

뭐, 이미 막부 말기부터
다들 제멋대로
옷 입고 머리 자르고
다녔으니 딱히 큰
의미는 없을 듯.

하지만 칼 차고 다니는 문제는
의미가 있을 걸요?

4개월 후,

전권위임장
갖고 왔습니다!!!

(… 진짜로
갔다오네…)

이제 조약 개정 협상
응해주실 거죠?!!

… 거, 조약이라는 게 그렇게 쉽게
개정되고 그러는 게 아니에요.

예?!

너님들은 일본과 미국 간의 여러 관계에 대한 조약이
불평등하다고 생각하시는 모양인데,
그건 우리가 갑질하자고 그러는 게 아니라
양국 법제의 차이 때문에 어쩔 수 없는 거라고요.

불평등조약

근대 법체계

의회 입법이라는
근본

전근대 법체계

너님네 민법, 형법, 상법 법제가
현대 법체계에 미흡한 부분이 많으니
우리 법체계와 너님네 법체계를 관계 짓는
조약은 불평등할 수밖에 없지 않겠어요?

평등조약

근대 법체계

의회 입법이라는
근본

근대 법체계

의회 입법이라는
근본

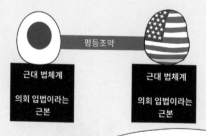

언젠가 일본도 서구 레벨의
사법, 입법, 행정 레벨에 도달하면
자연스럽게 평등조약으로
바뀔 것이니 지금 그리
되도 않을 떼쓰지 마세요.

미국에서의 조약 개정 협상에 실패한 후
1872년 8월, 사절단은 유럽으로 향한다.

사절단은 8월 17일
영국에 도착.
여왕을 비롯한 각계각층의
우호적인 환대 속에—

사절단을 맞이하기 위해 영국에 온
파크스의 안내로 영국 이모저모 문명 견학.

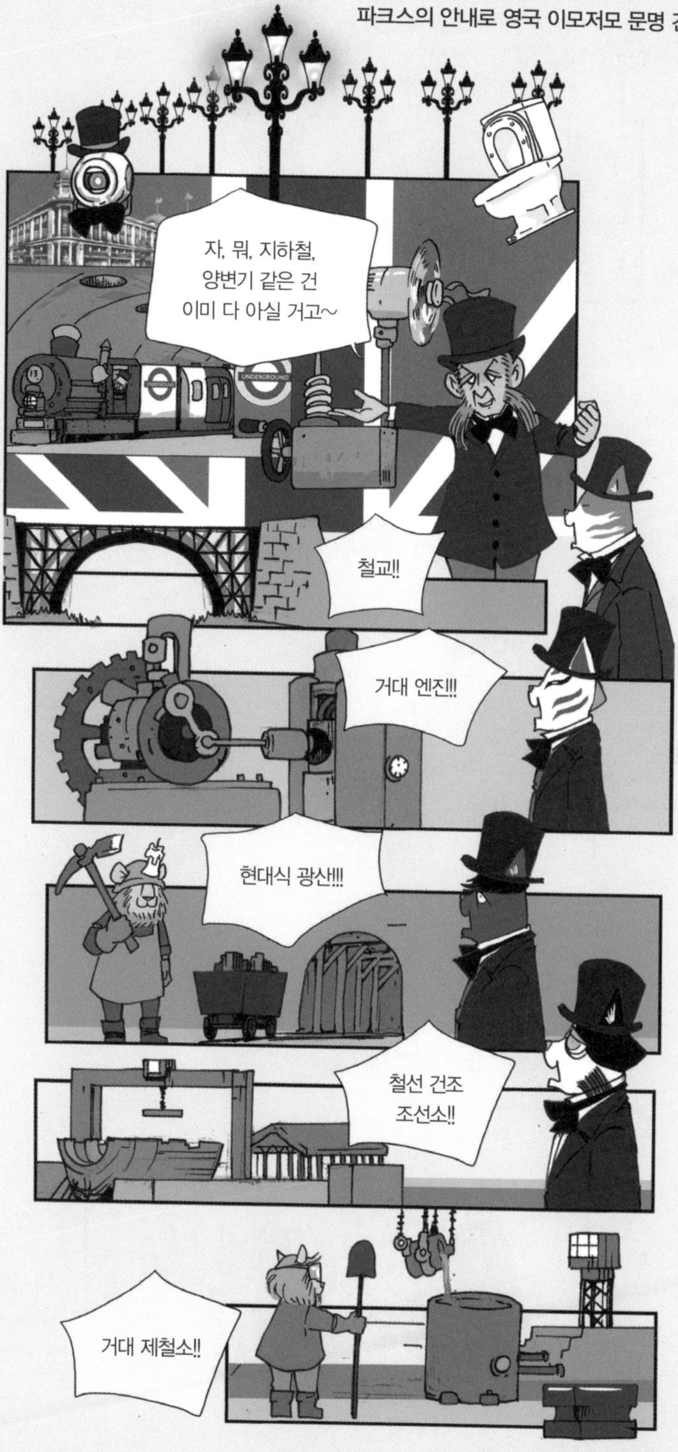

영국의 위대한 산업력에
감탄한 일본인들은
영국제 무기 대량 구매 계약 체결.

그 와중에 보울 브라더스라는 은행에서
영국에 유학 중이던 조슈 번사 미나미 데이스케를
은행 이사로 앉혀 일본인들의 환심을 사고.

높은 이율을 보장하며 사절단 일행 다수의
여행 경비를 보울 브라더스 은행에 예치하도록 권한다.

그리고 사절단의 출국 며칠 전,
보울 브라더스 은행은 파산 선언 후 경영진 야반도주.

이 사기로 인한 사절단의 피해액은 2만 5천 파운드.
(현재 가치로 약 30억 원 정도)

쓰린 속을 안고 사절단은
1872년 12월, 프랑스 行.

실로 구주 인심
복잡 기괴로다.

그래도 크리스마스 시즌의 파리라면
참으로 유쾌하고 흥겨운 분위기 아니겠습니까?!

오~ 샹젤리제~♬

으윙?

왜들 이리 다운돼 있어?;;

파리 유학 중인
사이온지 긴모치

굽씨의 오만잡상

예로부터 동양에서 하층민 봉기가 일어날 때면 늘상 나오던 구호가 왕후장상의 씨가 따로 있냐는 거였지 말입니다. 상하 귀천의 질서가 지배하던 동양에서도 평등에 대한 원초적인 욕구는 틈만 나면 터져 나왔습니다. 19세기에도 태평천국이 기독교적 평등을 들고나왔고, 동학이 인내천의 평등사상을 내세웠지요.

그리고 일본에서 저 유신 지사들 또한 존왕양이의 부록으로 일군만민의 평등사상을 달고 나왔습니다. 이는 유신의 사상적 기반에 양명학이 큰 부분을 차지하고 있었기 때문이라고도 합니다. 하급 무사들의 출세를 억누르는 막번 신분 질서를 타파하기 위해서는 백성 다수의 지지를 모을 수 있는 만민 평등사상이 유용하기도 했겠지요. 물론 이는 하나의 임금 아래 만민이 평등하다는, 충군 이념에 기반한 유교적 평등사상이었기에 서구의 근대적 시민주의 평등 이념과는 근본을 살짝 달리하는 것이었습니다.

하지만 메이지유신이 진행되면서 이 일군만민의 평등사상은 서구적 근대국가의 국민주의와 같은 양상으로 수렴 진화하게 됩니다. 그리고 서구적 근대 국민국가를 만들기로 결심한 유신 지도자들 역시 이를 대충 인식하고 있었겠지요. 그리하여 모두가 평등한 일본 국민 만들기는 동양적 일군만민 사상과 서구 근대국가의 국민 양성 방법론을 결합한 것이 됩니다.

그 국민 만들기의 가장 중요한 수단은 교육이었습니다. 국민 모두에게 표준적인 학식과 교양을 골고루 주입해 인적 자원의 밭을 일구고, 지적 평등과 전 국민의 이념적 통합을 이루는 길. 그것이 바로 보통교육, 의무교육이라 하겠습니다. 그리 만들어진 국민이야말로 근대 국민국가 엔진을 돌리는 근원적 에너지였던 게지요.

이 같은 교육·계몽 운동에는 당대 지식인들이 정부의 지원 속에 각종 강연과 출판물, 유튜브 등으로 앞장섰으니, '사람 위에 사람 없고, 사람 밑에 사람 없다(그러니 공부해라)', '일신 독립하여 일국 독립한다(그러니 공부해라)' 등의 명언을 남긴 후쿠자와 유키치가 그 대표 주자였습니다.

그런데 일본이 이렇게 서구 근대국가의 국민 만들기를 따라가긴 했지만, 결국 그 근본은 근대적 시민이 아니라 일군만민의 신민에 방점이 찍혀 있었지요. 유교적 충군 이념이 도덕 윤리의 제1 원리로 설파되었고 고색창연한 공·후·백·자·남 귀족 계층도 백성들 위에 군림하고 있었으니, 20세기 전반 일본인 스스로도 국민과 신민 사이의 어딘가를 명확히 짚지 못했으리라 여겨집니다. 때문에 이후 폭주하는 제국 사회의 전개 양상도 서구의 국민주의, 전체주의의 틀만으로는 설명할 수 없는 난해한 추상화가 되지요. 아마 서양인들은 쉽게 이해할 수 없겠지만, 이웃의 우리는 대충 그 느낌을 짐작하며 고개를 주억거릴 수 있는 그림이지 싶습니다.

주요 사건 및 인물

주요 사건

보불전쟁(프로이센·프랑스 전쟁)

1868년 스페인에서 혁명이 일어나 부르봉 왕가가 퇴출되고, 스페인인들은 프로이센의 레오폴트 후작에게 왕위를 제안한다. 이에 프랑스가 강력히 반발, 레오폴트 후작이 스페인 왕위 포기를 선언하기에 이른다. 하지만 프랑스 정부는 여기에 만족하지 않고 엠스에서 휴양 중이던 프로이센 국왕 빌헬름 1세에게 주프로이센 대사를 보내 스페인 왕위에 대한 프로이센의 불간섭 보장 약속을 받아내려 한다. 하지만 빌헬름 1세는 그 문제는 정부와 논의하라며 프랑스 대사를 돌려보냈고, 이 내용을 전보로 보고받은 비스마르크는 내용을 과장하여 언론에 공개, 프로이센을 비롯한 전 독일에 프랑스 응징 분위기를 조성한다. 한편 프랑스의 나폴레옹 3세 역시 프랑스 조야의 독일 정벌론 흐름에 편승, 1870년 7월 19일 북독일연방에 선전포고한다. 그러나 외교적 준비와 군비, 철도를 통한 병력 동원 신속성, 지휘부 역량 등에서 프랑스를 압도한 프로이센군이 전쟁 초반부터 프랑스군의 주력을 포위하는 데 성공, 9월 2일 나폴레옹 3세의 항복을 받아낸다. 그럼에도 프랑스인들이 나폴레옹 3세를 폐위시키고 항전을 지속하자 프로이센군은 계속 진격해 파리를 포위한다. 이듬해 1월 베르사유에 독일 각지의 왕후장상들이 모여 독일제국을 선포하고, 이후 굴욕적인 강화에 나선 프랑스는 두 차례의 협정을 통해 알자스로렌 지방을 독일에 할양하고 막대한 배상금을 지불한다.

서계 문제

1868년 에도 개성으로 막부의 항복을 받은 메이지 정부는 그간 조일 외교를 담당하던 쓰시마인들을 이용해 일본의 왕정복고 사실을 알리는 사절단을 조선에 파견한다. 쓰시마 사절단은 동래왜관을 통해 가지고 온 서계(외교 문서)의 등본을 조선에 전달하지만, 조선 조정에서는 일본이 황상皇上, 황칙皇勅, 황조皇祚 등 중국 천자만 사용할 수 있는 용어를 쓰고, 조선이 준 도서圖書 대신 일본 정부가 새로 만든 도장圖章을 사용했으며, 사절 대표가 일방적으로 관직과 호칭을 바꾸었다는 등의 이유로 접수를 거부한다. 이에 쓰시마 사절단은 1년여간 왜관에 머물며 서계 접수를 위해 노력하지만 결국 실패하고 1870년에 귀국한다. 이 문제는 1875년까지 이어져 운요호 사건의 빌미가 된다.

신미양요

1866년 제너럴셔먼호가 실종된 이래, 미국은 상하이에서 중국인과 조선 천주교도들을 인터뷰하고 직접 조선에 배를 보내는 등 제너럴셔먼호의 행방을 조사해 대략적인 사건의 전말을 파악

한다. 1870년 말, 보고를 받은 미국의 그랜트 대통령은 조선에 조치를 취할 것을 명하고, 이에 피시 국무장관은 제너럴셔먼호 사건의 책임을 묻고, 조선을 개항시킬 명목으로 조선 원정을 지시한다. 주중 공사 프레더릭 F. 로와 아시아 함대 사령관 존 로저스가 원정의 책임을 맡아 일본 나가사키에서 준비를 마치고, 1871년 5월 16일, 5척의 함선과 1,200여 명의 병력을 이끌고 출항한다. 5월 19일 화성 남양만에 도착한 미군은 서해안을 따라 북상해 영종도 옆의 작은 섬 작약도를 정박지로 삼고, 서찰을 보내 조난 선박의 안전 보장과 통교를 위해 고위 대신과 협상하고 싶다는 의사를 전하지만 조선은 답신으로 거부 의사를 밝힌다. 로 공사가 이를 무시하고 강화해협 진입을 강행하자 광성보에서 경고용 포격을 가하면서 교전이 시작된다. 이후 3일간의 교전에서 조선은 압도적인 화력 차이에 밀려 초지진, 덕진진 등을 내어주고, 이어진 광성보 전투에서 결전을 벌인 끝에 광성보가 함락되고 중군 어재연을 비롯한 수비 병력 대다수가 전사하는 참패를 겪는다. 이후 병력을 물린 미군은 통상을 요구하며 20일간 작약도에 머무르지만 조선의 완강한 쇄국 의지로 어떤 성과도 내지 못하고 철수한다. 미군 철수 후 조선은 전국에 척화비를 세우고 쇄국정책을 강화한다.

오페르트 도굴 사건

1868년 독일 상인 에른스트 오페르트가 흥선대원군의 아버지인 남연군의 묘를 도굴하려다 실패한 사건을 말한다. 홍콩에서 사업을 하던 오페르트는 1866년 영국인들과 함께 두 차례 조선을 방문하여 통상을 요구하지만 모두 거절당하고, 이후 병인양요로 조선에서 도망쳐 나온 페롱 신부를 만나 남연군 묘 도굴 및 시신 탈취를 계획한다. 조선 당국의 관심이 미 군함 셰년도어호의 제너럴셔먼호 사건 진상 규명 조사에 쏠린 사이, 오페르트는 남연군 묘가 있는 충청도 덕산으로 가서 도굴을 시도하지만 무덤을 감싼 딱딱한 석회 관곽 때문에 실패한다. 이후 오페르트 일행은 인천 영종도 앞바다로 자리를 옮겨 개국 통상 교섭을 위한 관리 파견을 요청하지만 그 과정에서 조선 수비병과 충돌해 피해를 입고 아무 성과 없이 청나라로 돌아간다. 이 사건은 흥선대원군이 통상 수교 거부 정책을 강화하는 계기가 된다.

이와쿠라 사절단

1871년 일본 메이지 정부가 서구와의 불평등조약 개정 및 선진 문물 시찰을 위해 구미에 파견한 정부 고위 사절로, 특명 전권 대사 이와쿠라 도모미의 이름을 따 이와쿠라 사절단이라고 부른다. 오쿠보 도시미치, 기도 다카요시, 이토 히로부미 등 정부 수뇌들과 각 번 다이묘 가문의 젊은 번주 혹은 계승자들이 대거 참여한 이 사절단의 1차 목표는 미국 및 유럽 제국과 맺은 불평등조약의 재협상이었으나 대미 조약 개정에 실패한 후, 학생들의 유학과 선진 문물 시찰을 통한 근대화 정책의 방향성 모색에 집중한다. 당시 유학생 명단에는 오쿠보 도시미치의 두 아들을 비롯한 유력 인사의 자제들과 쓰다 우메코 등 여학생들도 포함되어 훗날 일본 근대화의 동량으로 자란다.

청일수호조약

1871년, 세계 문제로 조선과의 국교 재개가 좌초되며 정부의 대외 정책에 대한 국내 비판 여론이 조성되는 가운데 청나라와의 국교 체결을 우선하기로 한 메이지 정부는 전 우와지마 번주 다테 무네나리를 전권 대신으로 임명, 청나라로 파견한다. 당시 청 조정에서는 일본과의 수교 반대 여론이 우세했으나 서구 열강의 위협 속에서 일본까지 적대하는 것이 위험하다는 현실적 판단하에 이홍장을 전권대신으로 임명, 조약을 체결토록 한다. 흥미롭게도 이 조약은 협정 관세와 영사재판권 등 서양과의 불평등조약에서 문제가 된 내용들을 상호 적용하여 결과적으로 동양 국가 간 최초의 근대적 평등조약이 된다.

톈진 교안

서양과의 불평등조약 체결 후 청나라에서는 일부 중국 기독교인들(교민)이 교회의 위세와 선교사들의 특권을 이용, 지방 사회의 규율을 무시하거나 사적 이익을 추구해 민중들의 원성을 산다. 여기에 서양 교회에서 사람들의 장기를 적출, 온갖 의약품 및 화학 약품 제조에 사용한다는 괴담까지 퍼져 민중들 사이에 기독교에 대한 반감이 커진다. 그 와중에 1870년 여름, 톈진 시내 인자당 교회 수녀원이 운영하던 고아원에 전염병이 퍼져 영유아 3~40명이 집단 사망하게 되면서 여론이 악화된다. 이에 톈진 지현에서 인자당 교회에 대한 압수수색 방침을 통보하고, 프랑스 영사 퐁타니에가 해당 처분에 항의하는 과정에서 수행원 중 한 명이 청 관헌에게 권총을 발사한다. 그 결과 분노한 군중이 퐁타니에와 수행원을 때려죽이고, 수녀 10명을 토막 살해하는 등 학살극이 벌어진다. 그 과정에서 인자당 교회를 비롯한 5개 교회와 프랑스 영사관이 불탄다. 소식을 들은 서양 각국에서 곧 함대를 파견하고, 직예총독 증국번이 주모자 처벌과 배상금 지불, 피해 복구 등을 약속해 사건을 무마한다.

주요 인물

다테 무네나리伊達宗城

일본 우와지마 번의 제8대 번주로, 에도시대 말기에서 메이지시대 초기까지 활약한 일본의 정치가다. 사쓰마 번의 시마즈 나리아키라, 후쿠이 번의 마쓰다이라 슌가쿠, 도사 번의 야마우치 요도와 함께 막말 4현후幕末四賢侯(막부 말기 4명의 뛰어난 다이묘)로 꼽힌다. 1868년 일본의 왕정복고 직후, 신정부에 참여하여 철도 건설을 위한 차관 유치에 힘쓰는 등 활발한 정치 활동을 펼쳤다. 1871년에는 전권대사가 되어 청나라 톈진에서 청일수호조규를 체결했다. 하지만 조약 체결 후 일본 정부의 방침과 달리 대등한 조약을 체결했다는 이유로 공직에서 사퇴했다.

어재연魚在淵

조선 후기의 무신으로 병인양요와 신미양요 때 강화도에서 적에 맞서 싸웠다. 1871년 6월 미군의 손돌목 포격 이후 진무영(강화도 방위 사령부) 신임 중군으로 임명되어 수도권 위경군 600명을 이끌고 내려간다. 사실상 일선 총지휘관이 된 어재연은 초지진에서 광성보에 이르기까지 약 2,000여 병력과 수백 문의 화포를 배치하여 광성보에서의 일전을 꾀한다. 본격적인 침공에 나선 미군은 함대를 끌고 광성보로 올라오기에 앞서 초지진 해안으로 해병대를 상륙시켜 육로로 진공해온다. 초지진 전투에서 조선군이 패퇴하면서 광성보의 조선군은 육지와 바다 양쪽에서 적을 맞게 된다. 조선군은 사력을 다해 싸우지만 압도적인 화력을 앞세운 미군에 패하고, 그 과정에서 어재연은 동생 어재순과 함께 미군의 총검에 의해 전사한다. 이후 조선 조정에서 그를 병조판서 겸 삼군부지사三軍府知事에 추증한다.

에른스트 오페르트Ernst Jakob Oppert

독일 함부르크의 유대인 은행가 가문 출신 사업가 겸 동양학자다. 홍콩에서의 무역 사업에 실패한 뒤 오페르트는 활로를 찾아 조선으로 눈을 돌린다. 그러나 1866년 두 차례 통상 요구와 1868년 남연군 묘 도굴 시도가 모두 실패하고 결국 독일로 돌아간다. 조선에서의 해군 제독 사칭죄로 잠시 수감 생활을 한 그는 그간의 경험을 녹여 《금단의 나라 조선》을 집필한다. 이 책에서 오페르트는 "조선인은 품행, 인성이 좋아서 나라에 중범죄가 많지 않다" "조선인들은 그 이웃들보다 체구가 더 크고 용모가 밝다" 등 조선에 우호적인 기술을 많이 남겼다.

오쿠보 도시미치 大久保利通

막말 유신기에 활약한 정치가로 기도 다카요시, 사이고 다카모리와 함께 메이지유신 성공의 핵심 삼인방인 유신삼걸維新三傑로 일컬어진다. 사쓰마 번 무사 집안의 장남으로 태어나 이름난 난학자였던 외할아버지로부터 국제 정세를 배우고, 학문을 쌓았다. 17세에 사쓰마 번의 서기 보좌로 일하게 되면서 정계에 입문, 1861년 번주 비서로서 번정 개혁에 참여했다. 이후 사쓰마 번정의 핵심 인물로 성장하여 사이고 다카모리와 함께 번내 존왕양이파를 이끌고, 조슈의 기도 다카요시와 더불어 삿초동맹을 맺고 메이지유신을 성공으로 이끌었다. 이후 폐번치현 개혁을 단행하고, 이와쿠라 사절단을 조직하여 부전권대사로서 서양 각국을 시찰했다. 귀국 후 메이지 6년의 정변을 통해 정한파를 정부에서 일소하고 초대 내무경에 취임, 실질적 정부 수반으로서 징병제徵兵制, 지조개혁地租改革, 식산흥업殖産興業 등 근대화 정책을 적극적으로 추진했다.

이필제 李弼濟

흥선대원군 집권기, 8년여간 네 번의 민란을 주도한 향반이다. 1825년 충청남도 홍주에서 태어난 그는 무과 합격 후 벼슬자리를 얻지 못하고 선달로 지내던 중 경상북도 풍기 출신의 명의 허선을 만나 가르침을 받고 반역을 결심한다. 1863년 조직의 힘을 빌리기 위해 동학에 입교한 뒤 동학 교조 신원, 북벌, 서원 복원 등 온갖 말로 사람들을 현혹하여 추종자를 늘리고, 그렇게 모은 세를 바탕으로 1869년에는 진천에서, 1870년에는 진주에서 거사를 도모하지만 준비 부족과 관의 검속 등으로 불발된다. 이어 1871년에는 동학 교주 최시형과의 면담을 통해 교단의 지원을 받고, 무리 500명을 이끌고 경상도 영해부성을 급습하여 영해부사 이정 등을 죽이고 성을 점거한다. 하지만 기대했던 동조 봉기가 일어나지 않고 주변 지역 관군들이 빠르게 규합해오자 반란 세력은 곧 와해된다. 이필제는 그해 9월 검거되어 일가족 및 일당 40여 명과 함께 처형당한다.

프레더릭 F. 로 Frederick Ferdinand Low

1871년 미국 아시아 함대의 조선 원정(신미양요)을 이끈 미국의 정치가 겸 외교관이다. 1828년 미국 인디애나주에서 태어나 1849년 캘리포니아로 이주하여 해운업, 은행업 등에 몸담았다. 이후 1862년 미 하원의원, 1869년 캘리포니아 주지사에 당선되었고, 1869년부터 1874년까지 주중 미국 공사로 재직했다. 이 기간 중 해밀턴 피시 국무장관으로부터 제너럴셔먼호 사건 보상과 조선 개항을 목적으로 한 출병을 명받고 신미양요를 일으킨다. 그는 이 전투에서 크게 승리하여 조선 군에 막대한 피해를 입히지만 흥선대원군의 강경한 쇄국 노선에 부딪혀 별 소득 없이 돌아간다. 이후 1894년 샌프란시스코에서 사망한다.

해밀턴 피시 Hamilton Fish

미국의 26대 국무장관을 역임한 정치인이다. 미국 역사상 가장 유능한 국무장관 중 한 명으로 꼽힌다. 그랜트 대통령의 절대적인 신임을 바탕으로 많은 업적을 쌓았다. 취임 후 공채로 국무 부 직원을 채용하는 공무원 임용 개혁을 추진했고, 1871년에는 워싱턴조약을 체결하여 남북전 쟁 기간 영국의 남부연합 통상파괴함 건조 지원에 대한 배상금을 받아냈으며 캐나다와의 국경 문제와 대서양 어장 문제를 해결했다. 한편 니카라과, 온두라스, 콜롬비아 등 중남미 지협 국가 에 대한 영향력을 확대하면서도 쿠바에서 스페인에서 맞선 독립운동이 일어났을 때는 신중한 태도를 보여 스페인과의 갈등을 피했다. 그러나 1871년 미국 아시아 함대의 조선 원정(신미양요) 이 아무런 성과 없이 좌절됨으로써 경력에 오점을 남겼다.